Au-Delà du Capitalisme :

Vers une Nouvelle Ère Économique

Dominique Gagnot

RESUME

Le modèle économique dominant, fondé sur une croissance infinie et la maximisation des profits, est en contradiction flagrante avec deux impératifs essentiels : préserver l'environnement et garantir à chacun un niveau de vie décent.

Ce modèle repose sur une logique absurde : produire toujours plus, jeter toujours plus. La viabilité des entreprises reste enfermée dans ce cercle vicieux.

Dans la première partie de cet ouvrage, nous analysons les rouages de ce système et mettons en lumière son incompatibilité avec un avenir durable. À l'issue de cette analyse, une solution apparaît comme une évidence : le profit, moteur de l'économie, doit être dissocié des flux de marchandises et réorienté vers la régénération de notre planète.

De la même manière qu'en temps de guerre l'économie est réorganisée pour servir la défense nationale, elle doit aujourd'hui être restructurée pour répondre aux défis écologiques et garantir un futur viable.

Le profit doit ainsi être directement associé à l'effort collectif, notamment à travers les actions concrètes des entreprises en faveur de la préservation et de la restauration de notre environnement.

Dans la seconde partie, nous démontrons la faisabilité de cette approche et mettons en lumière les obstacles qu'il sera nécessaire de surmonter pour rendre ce changement possible.

1er décembre 2024

SOMMAIRE

A PROPOS DE L'AUTEUR

Ingénieur retraité de l'industrie électronique, il prit conscience dans les années 80 que le système économique était fondé sur des bases irrationnelles.

Abordant cette question avec la même rigueur méthodique qu'un problème technique, il décortiqua minutieusement les mécanismes économiques. À sa grande surprise, il découvrit l'ampleur de cette supercherie, qui se révélait bien plus colossale qu'il ne l'avait imaginé.

Introduction

Cela peut sembler extravagant, mais nous soutenons que le système économique et politique occidental est l'une des plus grandes supercheries de l'histoire de l'humanité, fondée sur la manipulation des populations, leur maintien dans l'ignorance et la soumission des masses.

Une infime élite ultra-riche domine des peuples captifs et complices, piégés dans une pensée collective qui les conduit inexorablement vers une catastrophe écologique et sociale mondiale.

Le récit officiel n'est qu'une façade. Comme nous le verrons, aussi incroyable que cela puisse paraître, l'objectif véritable est aujourd'hui d'évincer, voire d'éliminer les peuples au profit d'une élite restreinte.

Pourtant, gardons espoir. Après avoir analysé et démystifié les mécanismes de ce système, nous proposons une nouvelle forme de capitalisme, strictement encadrée par des institutions adaptées. Dans ce modèle, le contrôle de la monnaie occupe une place centrale pour relever les immenses défis écologiques et sociaux qui nous attendent.

COMPRENDRE LA TRAGEDIE CAPITALISTE

Pour comprendre le capitalisme, il est essentiel de saisir comment la monnaie est créée et circule à travers les banques commerciales, la banque centrale et les marchés boursiers. C'est pourquoi, en guise de préambule, nous vous proposons un chapitre dédié à cette question fondamentale.

La Monnaie et Les Banques

La monnaie et les banques commerciales ont joué un rôle déterminant dans l'évolution de l'économie moderne, marquée par des transformations profondes dans la manière dont la monnaie est créée et utilisée.

Historiquement, la monnaie était adossée à des actifs tangibles, comme l'or, ce qui lui conférait une valeur intrinsèque. Les billets pouvaient être échangés contre une quantité fixe d'or, assurant ainsi une stabilité relative dans les échanges économiques.

Cependant, à partir des années 1970, de nombreux pays ont progressivement abandonné l'étalon-or pour adopter des systèmes de monnaie fiduciaire. Dans ces systèmes, la monnaie n'est plus garantie par un actif physique, mais repose entièrement sur la confiance accordée aux autorités monétaires. La confiance dans la monnaie repose sur l'assurance supposée que celle-ci conservera sa valeur et pourra être échangée contre des biens et services dans l'économie. En pratique nous n'avons d'autre choix que d'y croire.

Les Banques Commerciales et la Création Monétaire

Les banques commerciales jouent un rôle crucial dans la création de monnaie.

Contrairement à une idée reçue, les banques ne prêtent pas l'argent qu'elles détiennent. Lorsqu'une banque accorde un prêt, elle génère de la monnaie en créditant simplement le compte de l'emprunteur du montant correspondant. Cette quantité de monnaie, qui existe uniquement sous forme électronique, est ensuite réduite à mesure que les remboursements sont effectués, diminuant ainsi la quantité de monnaie en circulation.

Cependant les régulations financières exigent que les banques détiennent des réserves de fonds propres qui représentent une fraction de leurs engagements, afin de couvrir d'éventuelles pertes. Cette mesure vise à maintenir la stabilité du système bancaire en garantissant que les banques disposent de ressources suffisantes pour faire face aux défaillances des emprunteurs.

Il est à noter que, au prix d'un endettement parfois colossal, l'Etat assume en dernier ressort les défaillances des banques commerciales si l'équilibre du système financier est en jeu, comme ce fut le cas en 2008.

La Banque Centrale

En plus de son rôle de régulation du système financier, la banque centrale est la seule institution habilitée à émettre de la monnaie sans obligation de remboursement.

Théoriquement, un État souverain qui contrôle sa banque centrale peut accéder à des prêts illimités et sans intérêts, remboursables selon ses priorités, grâce à une politique d'imposition adaptée. Cela permettait aux gouvernements de se financer directement, sans coût d'intérêt, via le mécanisme du « circuit du Trésor ».

En France, cependant, cette possibilité a été abolie par la loi Pompidou-Giscard-Rothschild du 3 janvier 1973, ce qui a marqué un tournant majeur dans le financement public.

La Dette Publique

Aujourd'hui, l'Union Européenne interdit totalement aux États de se financer eux-mêmes par l'intermédiaire de leur banque centrale. Par conséquent, pour investir, combler leurs déficits budgétaires, financer les intérêts de leur dette colossale, ou compenser l'évasion fiscale, les États sont contraints d'emprunter sur les marchés financiers, aux conditions dictées par les prêteurs.

Cette situation profite largement à ceux qui disposent de capitaux à placer. Les emprunts d'État, considérés comme extrêmement sûrs, peuvent être très rentables pour les créanciers.

L'emprunt « Giscard 1973 » en est un exemple frappant : l'État a levé 6,5 milliards de francs, mais a dû rembourser près de 90 milliards de francs en capital et intérêts payés par la population toute entière !

Ce cas illustre le fardeau financier immense que ces emprunts peuvent imposer. Il a marqué un tournant dans l'histoire de la dette publique française, qui était auparavant négligeable.

En 2016, la dette[1] publique de la France atteignait 2 200 milliards d'euros, entraînant le paiement d'environ 46 milliards d'euros d'intérêts chaque année, par l'ensemble de la population. **Ce mécanisme fonctionne comme un impôt inversé sur la richesse, où les revenus sont proportionnels aux capitaux détenus.**

Ainsi, le pouvoir de création monétaire, qui devrait être un privilège de l'État, est devenu le monopole d'un système bancaire privé, soutenu par la collectivité qui en assume les risques les plus graves.

Cette réalité, bien que surprenante, est une caractéristique centrale du système économique moderne.

---

[1] - https://www.planetoscope.com/comptes-publics/1184-interets-de-la-dette-publique-francaise.html

Les Marches Boursiers

Au sommet de l'échelle économique, l'industrie financière domine, dictant ses règles et imposant ses priorités.

Obsédée par la quête de profits à court terme, elle exerce une pression considérable sur les entreprises, les poussant à atteindre des objectifs financiers toujours plus ambitieux.

Cette dynamique alimente des pratiques commerciales risquées et favorise une recherche effrénée de rentabilité immédiate, au mépris des conséquences sociales et environnementales.

La Recherche Du Profit

Dans le système capitaliste, les entreprises privées sont soumises à une pression constante pour maximiser les profits. Cette quête incessante de bénéfices domine toutes les autres considérations, dictant l'ensemble de leurs opérations.

Ce principe se manifeste de manière flagrante : **une entreprise, même cruciale pour la société, peut être condamnée à disparaître si elle n'est pas rentable, tandis qu'une entreprise, même nuisible ou superflue, peut prospérer tant qu'elle génère des bénéfices.**

La recherche effrénée du profit entrave tout changement significatif. En effet, intégrer des contraintes écologiques ou sociales entraîne souvent des coûts supplémentaires qui peuvent menacer la viabilité des entreprises ou, du moins, réduire les dividendes versés aux actionnaires.

Cependant, il est important de préciser que notre critique ne s'adresse pas au profit en soi. Le profit peut en réalité jouer un rôle constructif. Utilisé de manière judicieuse, il pourrait servir à réparer les dommages causés par l'actuel système économique, comme nous le développerons dans la seconde partie de ce livre.

La « Valeur »

Au cœur de notre économie capitaliste, la création de « valeur » est fondamentale pour générer des profits.

Cependant, **une lacune majeure réside dans l'oubli de la valeur du capital initial, à savoir les ressources naturelles de notre planète.** Cette omission est d'autant plus problématique que ces ressources sont irremplaçables et limitées.

En parallèle, l'homme est souvent réduit à une simple variable de coût dans ce système économique.

Les considérations humaines et environnementales sont sous-évaluées, laissant de côté la véritable valeur des ressources naturelles et des individus.

La Spéculation

La spéculation est au cœur du capitalisme, consistant à tirer profit des fluctuations des prix des actifs cotés en bourse, ainsi que ceux des biens fonciers et immobiliers, des œuvres d'art, etc., en pariant sur leurs variations futures.

Dans le secteur financier moderne, l'utilisation d'ordinateurs puissants et d'algorithmes sophistiqués pour les transactions à haute fréquence (qui s'effectuent en quelques millionièmes de seconde !) est désormais monnaie courante. Ces pratiques peuvent générer des gains rapides pour certains acteurs, mais elles augmentent également la volatilité des marchés et exacerbent les déséquilibres économiques.

Les conséquences de la spéculation sont principalement négatives sur les plans économique, social, et écologique. Lorsqu'elle devient excessive ou se détache de la valeur réelle des actifs sous-jacents, elle crée des bulles spéculatives et déclenche des crises financières, comme celle de 2008. En effet, la spéculation peut faire grimper la valeur d'un titre jusqu'à ce que plus personne n'en veuille. À ce moment-là, la valeur de ce titre chute brutalement, comme une bulle qui éclate.

De plus, la concentration des ressources et de l'expertise dans le secteur financier détourne des capitaux essentiels à l'investissement productif et au développement économique durable.

Il est à noter que lorsque nécessaire, les banques centrales soutiennent les marchés financiers en y injectant des liquidités à travers des opérations dites de « quantitatives easing ». Comme nous l'avons déjà mentionné, rappelons que l'Etat intervient en dernier ressort pour éventuellement renflouer les banques menacées de faillite si l'équilibre du système financier est menacé, comme ce fut le cas lors de la crise financière de 2008.

Plutôt que de servir l'économie réelle, les activités spéculatives des banques s'apparentent davantage à un casino financier, prospérant au détriment de la société dans son ensemble.

Capitalisme Industriel et Capitalisme Financier

Le capitalisme a évolué en plusieurs variantes, toutes reposant sur la propriété privée des ressources encore appelées « moyens de production ».

Le capitalisme industriel, qui a dominé jusqu'aux années 1970, se caractérisait par la quête de profits des propriétaires des moyens de production. Ces propriétaires exploitaient le travail des employés pour produire des biens et des services destinés, il est important de le noter, uniquement à une clientèle solvable.

Il est important de ne pas confondre les propriétaires des moyens de production avec les entrepreneurs. Les propriétaires ne sont pas toujours des entrepreneurs, et les entrepreneurs ne sont pas nécessairement des propriétaires, comme nous le verrons par la suite.

Ce modèle de capitalisme industriel a laissé place, au début des années 1970, à un capitalisme financier. Cette transition s'est opérée lorsque les banques, avec la complicité des gouvernements, se sont soumises aux exigences du marché financier, oubliant toute considération industrielle, sociale et encore moins écologique.

Depuis lors, les entreprises, en particulier celles cotées en bourse, ont essentiellement servi à maximiser les profits pour les acteurs financiers à court terme, au détriment des infrastructures industrielles, du tissu social et de l'écosystème.

L'avènement du capitalisme financier a également conduit à une déshumanisation des propriétaires d'entreprises, ce qui a sapé la confiance des employés envers leurs dirigeants. La primauté des objectifs financiers a profondément transformé les relations de travail et altéré la perception des entreprises au sein de la société.

ANALYSE DE LA RELATION ENTRE CAPITALISME ET ENVIRONNEMENT

Depuis des siècles, la société marchande est devenue une norme à laquelle nous nous adaptons presque instinctivement, tout comme nous acceptons la pluie ou le beau temps. Si cette organisation économique a permis une réduction notable de l'extrême pauvreté et une croissance exponentielle des connaissances, elle s'accompagne également d'une dégradation alarmante des équilibres planétaires.

Les fondements de notre « science » économique révèlent des lacunes significatives : les coûts associés à la dégradation environnementale, les impacts sur la santé publique, les pertes de biodiversité et les effets du changement climatique sont systématiquement exclus des calculs économiques.

Pourtant, ces coûts sont réels et peuvent atteindre des niveaux astronomiques.

À travers l'histoire, l'expansion des propriétés privées a souvent été motivée par la quête de profit personnel. Aujourd'hui, le capitalisme concentre une part disproportionnée des ressources planétaires entre les mains d'une minorité dont le principal objectif est de maximiser les gains financiers.

Bien que l'humanité ait toujours cherché à dominer la nature, les dommages se limitaient auparavant à des phénomènes tels que la déforestation. L'avènement des machines à énergie fossile a marqué un tournant décisif.

Avec l'invention des machines utilisant des énergies fossiles, l'humanité a certes amélioré son confort mais a aussi multiplié ses capacités destructrices.

Singulièrement cette révolution industrielle a renforcé la croyance en une domination illimitée sur l'environnement. Mais, entre autres nuisances, la combustion des combustibles fossiles libère des quantités massives de polluants dans l'atmosphère, provoquant des perturbations climatiques majeures, comme le soulignent les rapports du GIEC (Groupe d'experts intergouvernemental sur l'évolution du climat).

Par ailleurs la recherche incessante de profits encourage une maximisation des échanges, entraînant un gaspillage colossal des ressources naturelles et une dégradation rapide de la biosphère.

Cette dynamique est restée supportable jusqu'à récemment, mais nous avons désormais franchi un seuil critique.

Insuffisance des Solutions Proposées

Pour sortir de cette impasse écologique, les solutions actuellement proposées, telles que l'utilisation des énergies renouvelables, l'agriculture biologique, l'amélioration de l'isolation thermique des logements, des transports plus écologiques, ou encore la réduction de la consommation de viande, représentent des avancées positives. Cependant, elles restent insuffisantes face aux enjeux colossaux auxquels nous sommes confrontés.

Ces mesures, bien que nécessaires, ne suffisent pas à bouleverser l'ordre économique établi par les puissants dont les intérêts sont profondément enracinés dans le système capitaliste. Ce dernier perpétue une exploitation démesurée des ressources naturelles et une pollution continue, creusant un fossé toujours plus large entre les nécessités économiques dictées par le capitalisme et les impératifs écologiques.

La nature, en réponse à cette agression incessante, se "défend" par le biais de phénomènes climatiques extrêmes dont l'intensité et la fréquence augmentent de manière alarmante : sécheresses, incendies, inondations, tempêtes, et autres catastrophes.

Parallèlement, la gestion irresponsable des ressources et le manque de perspectives d'avenir engendrent une misère croissante, poussant des populations entières à fuir leurs conditions de vie désespérées pour rejoindre des régions encore relativement épargnées.

Absence de Solution d'Envergure

Malgré l'urgence croissante de la situation, aucune solution d'envergure n'est sérieusement envisagée, bien que ce problème représente sans doute le défi le plus crucial pour notre avenir. La raison en est évidente : la propriété privée des ressources et la liberté laissée aux propriétaires pour les exploiter sans égard aux conséquences écologiques et sociales, sont des piliers fondamentaux du capitalisme. Remettre en question ces aspects menacerait les structures de pouvoir et de richesse qui en bénéficient. Par conséquent, il semble impensable de remettre en cause ce système.

Les catastrophes écologiques et sociales sont attribuées à des comportements individuels, permettant ainsi de blâmer des choix personnels plutôt que d'affronter ce problème systémique.

Fuite en Avant des Élites

Face à la crise environnementale, les élites dirigeantes et leurs représentants politiques choisissent la fuite en avant, cherchant à préserver leurs privilèges liés au système en place.

Pour donner l'illusion d'une action, ils organisent des sommets internationaux, comme les conférences sur le climat (COP), où des mesures souvent symboliques sont adoptées malgré la gravité des enjeux. Ces réunions, fréquemment marquées par l'hypocrisie et des discours creux, servent davantage à maintenir une façade d'action collective et à apaiser les consciences qu'à fournir des solutions réelles.

Les intérêts des puissants et des grandes corporations continuent de primer sur l'intérêt général, perpétuant ainsi le statu quo et freinant tout changement significatif.

Incitations Économiques du Système Actuel

Bien que rarement explicitée, la contrainte économique exerce une influence déterminante sur les comportements des entreprises, favorisant les gains financiers à court terme au détriment du bien-être des individus et de l'environnement. Voici quelques exemples illustratifs :

- **Industrie Agroalimentaire :** La pression pour maximiser les rendements et réduire les coûts entraîne des pratiques agricoles intensives. L'usage excessif de produits chimiques entraîne une dégradation de l'environnement, avec des sols et des eaux pollués.

  Certains acteurs de cette industrie produisent des aliments hautement transformés, riches en sucres, en gras et en additifs, contribuant ainsi à des problèmes de santé tels que l'obésité et les maladies cardiovasculaires.

- **Industrie Pharmaceutique :** Cette industrie privilégie le traitement des maladies plutôt que leur prévention. Cela conduit à une surprescription de médicaments, à la recherche de nouvelles indications pour des médicaments existants, et à la promotion de médicaments coûteux même lorsque des alternatives moins chères ou des approches non pharmacologiques pourraient être efficaces.

- **Durabilité des Produits :** Maximiser les profits incite à réduire la durée de vie des produits, à accélérer leur renouvellement et à multiplier les gammes. Ces stratégies favorisent la surconsommation de ressources naturelles, sans considération pour leur épuisement ou les impacts environnementaux.

- **La publicité intensive** pour les produits les plus rentables amplifie encore l'effet sur la consommation.

Ces pratiques mettent en évidence comment les incitations économiques du système actuel favorisent des actions à court terme au détriment de la durabilité environnementale et du bien-être social.

Le Capitalisme et la Négligence des Besoins Réels

Le capitalisme, dans sa quête incessante de profit, néglige les besoins essentiels mais peu rentables des individus. L'impératif de rentabilité relègue ces besoins authentiques au second plan, tout en favorisant la création de besoins artificiels plus lucratifs. L'industrie publicitaire et le marketing jouent un rôle central dans ce processus, en encourageant la surconsommation et le gaspillage des ressources.

Par ailleurs, les avancées technologiques, tout en améliorant l'efficacité et la productivité, entraînent l'automatisation des emplois jugés non essentiels, privant ainsi les travailleurs de revenus indispensables à leur subsistance et souvent sans alternative.

Dans ce système, les propriétaires capitalistes ne considèrent pas la fourniture d'un revenu de remplacement adéquat comme une priorité, sauf pour maintenir un minimum de stabilité sociale, comme en témoigne le RSA (Revenu de Solidarité Active).

Cette situation révèle les contradictions d'un système où le travail, même lorsqu'il est déconnecté des besoins réels, reste essentiel pour maintenir la cohésion sociale et économique.

Le capitalisme crée ainsi un paradoxe où la productivité accrue, censée libérer les individus, les rend finalement plus dépendants d'un système qui ne satisfait pas leurs besoins fondamentaux.

Le Capitalisme et l'Obstruction à une Gestion Durable

Dans le système capitaliste actuel, la réponse aux besoins immédiats implique fréquemment des sacrifices pour l'avenir. Sous la pression incessante de la compétitivité, les entreprises sont poussées à exploiter tous les moyens disponibles pour atteindre des objectifs à court terme, au détriment de leur durabilité future.

L'affaire des crashs des Boeing 737 Max[2] en est une illustration révélatrice. Dans cette crise, la recherche effrénée de profits a conduit à des compromis sur la sécurité, mettant en évidence comment la pression pour maximiser les rendements immédiats peut compromettre des valeurs fondamentales telles que la sécurité.

Le Capitalisme : Une Machine à Détruire la Planète

Le capitalisme, avec sa quête incessante de profit, fonctionne comme une machine à détruire la planète. La production incessante de biens par nos usines engendre une accumulation massive de déchets et de polluants.

Dans ce système, le profit est intrinsèquement lié aux flux de marchandises: plus on consomme, plus on vend, et plus on gagne. Cette dynamique encourage une exploitation effrénée des ressources naturelles et une pollution environnementale croissante.

Reconnaître cette relation et comprendre les conséquences de la poursuite aveugle du profit sont des étapes cruciales pour initier une transition vers des solutions plus durables.

---

[2] https://fr.wikipedia.org/wiki/Suspension_de_vol_du_Boeing_737_Max

Nos activités individuelles, qu'il s'agisse de notre travail, de nos loisirs ou de notre alimentation, sont largement façonnées par ce système économique, amplifiant encore les impacts environnementaux.

Pour espérer un avenir viable, il est impératif de repenser et de réorienter notre modèle économique afin de minimiser les dégâts infligés à notre planète.

Perspective Innovante

La question cruciale à laquelle nous devons répondre est la suivante : comment transformer une économie purement marchande en une économie véritablement écologique et sociale ?

La réponse réside dans une réorientation radicale du profit, en le reliant non plus aux flux de marchandises, mais principalement à la régénération de notre planète. C'est précisément ce que nous explorerons dans la seconde partie de ce livre.

Avant d'aborder cette transformation, nous devons d'abord déconstruire le système économique actuel qui régit nos échanges.

L'Origine des Inegalites : Propriétaires et Non-Propriétaires[3]

La distinction entre propriétaires et non-propriétaires trouve ses racines profondes dans l'histoire humaine. Les premiers ont affirmé et consolidé leur contrôle sur les territoires et les ressources, établissant ainsi des droits exclusifs.

La déclaration de propriété est devenue un moyen pour certains individus d'affirmer un droit exclusif sur les biens, sécurisant ainsi leurs intérêts et leur pouvoir. Au XVIIIe siècle, après les révolutions de cette époque, la notion de propriété privée a été fortement défendue et institutionnalisée. Les propriétaires ont cherché à protéger leurs biens et à garantir leur droit exclusif sur ce qu'ils possédaient.

Dans ce cadre, il est devenu impossible de disposer de quoi que ce soit sans en être propriétaire ou sans accepter les conditions imposées par les propriétaires.

Les diverses formes de privatisation ont permis à certains de revendiquer la propriété et le contrôle exclusif sur différentes ressources et institutions : terres, sous-sols, infrastructures, entreprises, les principaux médias et même la monnaie qui est pourtant un bien commun par excellence. Nous examinerons ce dernier aspect plus en détail ultérieurement. Bien que cet état de fait puisse sembler évident aujourd'hui, il reste profondément sidérant.

---

[3] Le ***Discours sur l'origine et les fondements de l'inégalité parmi les hommes*** est un essai du philosophe genevois Jean-Jacques Rousseau publié en 1755.

Les Fonctionnaires et les Salariés

L'appropriation initiale des biens a souvent nécessité de défendre ces propriétés contre d'autres groupes ou individus, établissant ainsi des relations de propriété qui persistent jusqu'à aujourd'hui.

Les propriétaires, protégés par l'État, ont structuré des relations de subordination et d'exploitation avec deux catégories principales de travailleurs : les fonctionnaires et les salariés.

- **Les Fonctionnaires** : Chargés d'administrer et de maintenir le fonctionnement des propriétés ainsi que de gérer la force de travail, les fonctionnaires jouent un rôle crucial dans l'organisation et la régulation des institutions publiques. Ils assurent le bon fonctionnement des services publics et la mise en œuvre des politiques décidées par les propriétaires ou les structures de pouvoir.

- **Les Salariés** : Leur rôle consiste à transformer les ressources en produits finis ou en services, généralement sous la direction et le contrôle des propriétaires ou de leurs représentants. Les salariés sont les acteurs clés de la production et des services, intégrés dans les processus économiques selon les besoins et les objectifs des propriétaires.

Cette division du travail reflète une structure de pouvoir et d'organisation économique où les propriétaires détiennent les moyens de production et contrôlent les processus de travail, tandis que les travailleurs, qu'ils soient fonctionnaires ou salariés, exercent leurs fonctions dans le cadre défini par ces structures de pouvoir.

Cette hiérarchisation des rôles contribue à maintenir et à renforcer les relations de pouvoir établies par la propriété.

Les Propriétaires et la Sécurisation de leur Fortune

Les propriétaires ont un intérêt marqué à préserver et à accroître leur fortune en investissant dans ce que l'on appelle des "valeurs refuges". Ces actifs sont réputés pour leur stabilité à long terme et leur valeur est soutenue par leur caractère essentiel pour autrui, prêt à payer un prix élevé pour y accéder.

Un exemple emblématique de ces valeurs refuges est le marché immobilier. Le coût d'un logement englobe divers éléments, notamment la construction, l'entretien, et les gains tirés de la spéculation foncière et immobilière. Les plus-values générées par la hausse des valeurs immobilières deviennent particulièrement significatives lorsque la demande pour l'espace est forte.

À l'origine, l'espace occupé par un logement était gratuit, car il s'agissait d'une ressource naturelle accessible à tous.

Cependant, avec l'avènement de la propriété privée, cet espace a été attribué à des propriétaires individuels qui ont pu tirer profit de son appréciation au fil du temps. Ainsi, ce sont finalement les personnes en quête de logement qui paient le prix, contribuant ainsi à enrichir davantage les propriétaires grâce à la spéculation et à la rareté artificielle créée par le système de propriété privée.

Ce mécanisme permet aux propriétaires d'assurer et de sécuriser leur fortune, en exploitant la valeur croissante des biens immobiliers au détriment des besoins fondamentaux des locataires.

LES PATRONS PETITS ET GRANDS

Contrairement à une idée largement répandue, les patrons ne se classent pas systématiquement dans la catégorie des propriétaires. Une grande partie des patrons sont des travailleurs qui dirigent leur entreprise et travaillent aux côtés de leurs employés. Bien que leurs compétences et talents puissent leur offrir parfois des conditions avantageuses, ils font également face à des conditions de travail souvent difficiles.

La condition la plus précaire parmi les patrons est sans doute celle des auto-entrepreneurs. Ce statut, accompagné du phénomène de l'ubérisation (nommé d'après Uber), permet de travailler avec des charges sociales réduites par rapport aux entreprises traditionnelles, et une protection sociale elle aussi réduite. Ce modèle engendre une concurrence déloyale vis-à-vis des entreprises classiques, les contraignant à précariser leurs propres salariés pour rester compétitives.

Les « Grands » Patrons

Les dirigeants des grandes entreprises généralement cotées en bourse bénéficient de rémunérations élevées, directement liées aux profits générés par l'entreprise. Leur salaire conséquent est une conséquence directe de cette structure axée sur le profit.

Pour atteindre les objectifs financiers fixés, ces dirigeants exercent une pression considérable sur leurs employés, fournisseurs et sous-traitants, créant ainsi des environnements de travail stressants et difficiles. Cette pression peut avoir des effets dévastateurs sur la santé et le bien-être des travailleurs, parfois même entraînant des vagues de suicides[4].

Cette dynamique de pression est alimentée par la concurrence économique et les attentes des actionnaires. Les inégalités et les pressions induites par ce système se répercutent à tous les niveaux de la hiérarchie économique et sociale.

L'externalisation de la production vers des pays à faible coût de main-d'œuvre exacerbe ces problèmes, créant des cycles de pauvreté et d'exploitation dans les régions concernées.

Ainsi, les inégalités sont amplifiées à l'échelle mondiale, reflétant la dure réalité des pratiques des grandes entreprises dans leur quête incessante de maximisation des profits.

---

[4] - La libéralisation du secteur des télécommunications a conduit France Télécom à se débarrasser d'une importante partie de son personnel. Celui-ci étant protégé par le statut de fonctionnaire, France Télécom a exercé des pressions insupportables.
https://fr.wikipedia.org/wiki/Affaire_France_T%C3%A9l%C3%A9com

Les Syndicats

Les syndicats jouent un rôle crucial en négociant les conditions de travail et les rémunérations entre les travailleurs et les propriétaires, mais leur action est toujours cantonnée dans le cadre du système capitaliste. En tant qu'organisations intégrées au système économique existant, les syndicats doivent naviguer entre la défense des intérêts des travailleurs et les contraintes imposées par le capitalisme.

- **Fonctionnement et Limitations :** Les syndicats sont chargés de négocier des accords, d'organiser des grèves et de mener des manifestations pour exprimer les revendications des travailleurs. Cependant, ces actions sont modérées et contrôlées, visant à éviter des perturbations majeures qui pourraient menacer le système en place. Les grèves et manifestations sont orchestrées de manière à canaliser la colère des travailleurs sans remettre en cause les structures fondamentales du pouvoir économique.

- **Impact de la Mondialisation :** La mondialisation de l'économie a profondément transformé les mouvements sociaux et les capacités de revendication des syndicats.

La délocalisation des productions et la sous-traitance à des pays où la main-d'œuvre est moins coûteuse ont affaibli le pouvoir des syndicats locaux en réduisant leur capacité à exercer une pression économique sur les employeurs. Les entreprises peuvent facilement déplacer leur production vers des régions avec des conditions de travail plus favorables pour leurs intérêts financiers, diminuant ainsi l'influence des syndicats sur les conditions de travail à l'échelle nationale.

- **Technologie et Flexibilité :** Les avancées technologiques et l'automatisation ont modifié les dynamiques du marché du travail. Les emplois traditionnels sont remplacés par des technologies qui réduisent la nécessité d'une main-d'œuvre importante. De plus, la montée des contrats de travail flexibles et des formes d'emploi précaire complique la mobilisation collective des travailleurs.

Les syndicats se retrouvent confrontés à des défis pour représenter et défendre les intérêts des travailleurs dans un marché du travail de plus en plus fragmenté et flexible.

- **Adaptation aux Nouvelles Réalités :** Face à ces défis, les syndicats doivent adapter leurs stratégies et leurs approches. Cela inclut la recherche de nouvelles méthodes pour organiser les travailleurs, défendre leurs droits et influencer les politiques économiques tout en opérant dans les limites du système capitaliste.

Les syndicats se trouvent souvent en train de jongler entre la nécessité de protéger les conditions de travail dans un cadre préétabli et l'urgent besoin de répondre aux nouvelles réalités économiques et sociales.

En conclusion, bien que les syndicats jouent un rôle important dans la protection des droits des travailleurs et la négociation de meilleures conditions de travail, ils sont limités par les contraintes du système capitaliste et doivent continuellement évoluer pour faire face aux défis posés par la mondialisation et la flexibilisation du travail.

L'ÉCOLE

L'École, en tant qu'institution centrale dans la société, joue un rôle fondamental dans la préparation des jeunes à intégrer le cadre économique et social du capitalisme.

Selon Montaigne, l'objectif de former est de « développer une aptitude, exercer ou façonner l'esprit, cultiver ». Cette mission se traduit, dans le contexte actuel, par une préparation à répondre aux exigences du système capitaliste.

Voici une analyse détaillée des principaux objectifs et effets de l'École dans ce cadre :

Soumission à l'Autorité

- **Conformité et Discipline :** L'École inculque dès le plus jeune âge l'importance de la soumission à l'autorité, en valorisant la conformité et la discipline. Les élèves apprennent à respecter les règles établies, à suivre les instructions des enseignants, et à se conformer aux attentes institutionnelles.

- **Conséquences de la Non-Conformité :** Les élèves qui ne se conforment pas ou qui remettent en question l'autorité peuvent rencontrer des difficultés scolaires, renforçant ainsi l'idée que la soumission est cruciale pour réussir dans le système.

- **Valorisation des Conformes :** Ceux qui se soumettent sans questionner reçoivent souvent plus d'attention et de soutien, ce qui contribue à leur succès. Ce phénomène reproduit et renforce la norme de soumission à l'autorité dans la société capitaliste.

Acquisition d'un Savoir Limité

- **Savoirs Fonctionnels** : L'École vise à transmettre des connaissances utiles dans le cadre du système économique, mais ces savoirs sont souvent limités aux exigences du marché du travail et aux normes établies par le capitalisme.

- **Absence de Remise en Question** : Les contenus éducatifs ne remettent pas en question les fondements du système capitaliste. Au contraire, ils renforcent les idées dominantes en évitant les discussions critiques sur les mécanismes et les impacts du capitalisme.

- **Formation Pratique** : Les compétences acquises à l'école sont généralement orientées vers la productivité et l'efficacité dans un cadre économique capitaliste, plutôt que vers une réflexion critique sur les structures économiques et sociales.

Classement Social

- **Hiérarchie Éducative** : La réussite scolaire est souvent utilisée comme un indicateur de statut social. Les diplômes et les certificats sont associés à une hiérarchie sociale où les mieux diplômés accèdent à des postes de pouvoir et d'influence.

- **Élites du Système** : Les élèves qui réussissent à obtenir des diplômes prestigieux sont formés pour occuper des positions de leadership dans le système capitaliste, perpétuant ainsi les structures de pouvoir existantes.

Transmission d'Idéologies Capitalistes

- **Inculcation de Valeurs** : L'École transmet des valeurs qui favorisent l'acceptation des mécanismes du capitalisme, telles que l'importance du travail pour vivre et la nécessité de gagner de l'argent.

- **Réduction de la Critique** : Les enseignements sur le profit et la compétitivité sont souvent présentés de manière réductrice, sans encourager une réflexion critique ou une remise en question des structures économiques et sociales en place.

- **Formation des Dirigeants** : Les futurs cadres dirigeants reçoivent une éducation qui valorise le profit comme moteur d'investissement et la compétitivité comme clé de succès, renforçant ainsi les idéologies dominantes sans se soucier des implications sociales et environnementales.

En conclusion, l'École, tout en étant un outil de formation essentiel, joue un rôle crucial dans la reproduction et le renforcement des structures du capitalisme. Elle prépare les individus à fonctionner au sein du système économique en place, sans remettre en question les fondements et les mécanismes du capitalisme.

Les diplômés de haut niveau ont tendance à internaliser cette idéologie capitaliste.

Ceux qui expriment des opinions divergentes sont marginalisés sous prétexte qu'ils ne « comprennent pas », renforçant ainsi le conformisme à l'idéologie dominante au sein de l'élite éducative et sociale.

En somme, l'École joue un rôle crucial non seulement dans l'éducation des individus, mais aussi dans la perpétuation des normes et des valeurs qui soutiennent le système capitaliste, limitant ainsi la capacité des individus à critiquer ou à remettre en question le statu quo économique et social.

Les Grands Medias

Les grands médias jouent un rôle crucial dans la structuration de notre perception du monde et dans le maintien des structures de pouvoir en place. Leur influence est subtile mais profonde, et elle est souvent sous-estimée. Voici une analyse de leur rôle dans la perpétuation du système capitaliste :

Concentration du Pouvoir des Médias

• **Contrôle par les Ultra-Riches :** En France, quelques milliardaires détiennent l'essentiel des médias dominants. Cette concentration de la propriété médiatique permet à ces individus de contrôler l'information diffusée, de fixer les agendas médiatiques et de dicter les lignes éditoriales.

Les chaînes de télévision, les radios, et les journaux sous leur contrôle reflètent leurs intérêts économiques et idéologiques.

• **Influence sur l'Information :** Cette concentration donne aux propriétaires une influence disproportionnée sur le discours public et la formation de l'opinion.

Les récits et les faits sont souvent sélectionnés et présentés de manière à renforcer les intérêts et les perspectives des propriétaires, tout en marginalisant ou en ignorants les voix dissidentes.

Manipulation de l'Opinion Publique

- **Uniformisation des Messages :** Les médias diffusent des images, des discours et des événements de manière homogène, ce qui contribue à une perception uniforme de la réalité. Les auditeurs, téléspectateurs et lecteurs absorbent généralement ces messages comme des vérités objectives, sans remettre en question les biais ou les omissions.

- **Personnalisation et Sympathie :** Les animateurs et les personnalités médiatiques, souvent perçus comme des membres de la famille, jouent un rôle clé dans l'influence sur les opinions publiques. Leur familiarité et leur crédibilité apparente renforcent l'acceptation des récits qu'ils diffusent.

Censure et Sélection de l'Information

- **Filtrage des Nouvelles :** Les grands médias filtrent les informations et choisissent ce qui sera diffusé en fonction de leur capacité à attirer l'audience et à maximiser les recettes publicitaires. Cette sélection est souvent alignée avec les intérêts de leurs propriétaires et soutient l'idéologie dominante.

- **Absence de Critique du Capitalisme :** Les critiques sérieuses du capitalisme, ainsi que les analyses approfondies des crises économiques, des migrations et des désastres écologiques, sont rarement présentes. Au lieu de cela, les médias présentent ces problèmes comme des fatalités inévitables, sans remettre en question le système économique qui les engendre.

Maintien de l'Ordre Établi

- **Support à l'Idéologie Dominante** : Les médias contribuent à renforcer l'idée que le capitalisme est le seul système viable et naturel. En ne mettant pas en lumière les défauts du système ou les alternatives possibles, ils perpétuent l'idée que les structures économiques et politiques actuelles sont immuables et incontournables.

- **Discrédit des Voix Dissidentes** : Les opinions qui contestent le capitalisme ou qui proposent des visions alternatives sont marginalisées ou discréditées. Les médias évitent de donner une plateforme significative à ces voix, ce qui limite le débat public sur les réformes ou les alternatives au système en place.

Le Rôle des Médias dans la Crise Écologique et Sociale

- **Minimisation des Crises** : Les médias tendent à présenter les crises écologiques et sociales comme des problèmes isolés plutôt que comme des conséquences directes du capitalisme. Les solutions proposées sont des ajustements marginaux qui ne remettent pas en question les structures économiques sous-jacentes.

- **Impact sur la Mobilisation Publique** : En contrôlant le discours sur ces crises, les médias limitent la capacité des citoyens à se mobiliser efficacement pour des changements fondamentaux. Les solutions et les discussions sont orientées vers des actions individuelles plutôt que des réformes systémiques.

Conclusion

Les grands médias, en tant que gardiens de l'information, jouent un rôle essentiel dans la reproduction et la légitimation du capitalisme.

Leur concentration entre les mains de quelques puissants, leur sélection biaisée de l'information, et leur soutien à l'idéologie dominante contribuent à maintenir l'ordre économique et social en place.

Ce contrôle médiatique limite la capacité de la société à envisager des alternatives sérieuses au système capitaliste, renforçant ainsi les structures d'inégalité et de dégradation environnementale.

Les « Experts » et leur Influence

Les « experts » exercent une influence considérable sur l'opinion publique en fournissant des analyses et des recommandations sur une vaste gamme de sujets allant de l'économie à la politique sociale.

Toutefois, plusieurs aspects critiques méritent d'être examinés :

Biais Idéologique :

- **Imprégnation Néolibérale :** Une part importante des experts est influencée par la pensée néolibérale ou d'autres courants idéologiques similaires. Cette orientation peut biaiser leurs analyses et recommandations, les amenant à promouvoir des solutions qui favorisent le statu quo économique et politique plutôt que d'explorer des alternatives plus équitables ou écologiques.

- **Conformisme et Homogénéité :** Les experts se retrouvent souvent dans des cercles d'idées homogènes où les perspectives divergentes sont peu accueillies. Cela crée un effet d'écho qui renforce les idées dominantes et marginalise les voix dissidentes qui pourraient offrir des perspectives critiques ou alternatives.

Méthodes d'Analyse et Pratiques :

- **Simplification Excessive :** Les experts peuvent simplifier à l'extrême des problèmes complexes, offrant des solutions qui ignorent les nuances et les dimensions globales des enjeux.

Par exemple, des recommandations telles que "travailler plus longtemps[5] pour pallier la raréfaction du travail" ne tiennent pas compte des impacts sur la qualité de vie ou sur le bien-être des travailleurs.

- **Réduction des Coûts à Tout Prix** : Le focus sur la réduction des coûts peut conduire à des mesures qui, bien que financièrement avantageuses à court terme, provoquent des effets sociaux et écologiques catastrophiques. Les experts peuvent négliger les conséquences à long terme de leurs recommandations en étant trop préoccupés par des indicateurs financiers immédiats.

Rôle des Médias

- **Construction de la Vérité** : Les experts, en particulier ceux ayant des affiliations idéologiques fortes, peuvent jouer un rôle dans la construction de la « vérité » selon leurs perspectives. Les médias, souvent en quête de titres accrocheurs ou de points de vue qui correspondent à leur ligne éditoriale, peuvent amplifient ces voix tout en ignorant ou en minimisant les critiques et les perspectives alternatives.

- **Marginalisation des Voix Dissidentes** : Les opinions divergentes, qui pourraient offrir des analyses plus équilibrées ou innovantes, sont souvent exclues des débats principaux. Lorsque ces voix sont invitées, elles sont fréquemment marginalisées ou discréditées pour maintenir une apparence de consensus autour des idées dominantes.

---

[5] - Le chômage de masse a pour effet une réduction de la masse des cotisations sociales. Pour compenser, il faut travailler plus longtemps (!).

Déconnexion avec la Réalité

- **Déficit d'Empathie :** Les experts peuvent être déconnectés des réalités quotidiennes des gens ordinaires.

Leur obsession pour les chiffres et les théories abstraites peut les amener à proposer des solutions qui ne tiennent pas compte des impacts réels sur les individus et les communautés.

Ce manque de contact avec la réalité quotidienne limite l'efficacité de leurs recommandations et peut aggraver les problèmes sociaux et économiques qu'ils prétendent résoudre.

En conclusion, la critique des « experts » met en lumière la nécessité d'une réflexion critique sur les analyses et recommandations qu'ils fournissent. Il est essentiel de diversifier les sources d'expertise, d'inclure des perspectives variées et de rester attentif aux impacts sociaux et écologiques des politiques recommandées.

Les Elections Presidentielles

Les élections présidentielles, bien qu'elles soient présentées comme l'apogée de la démocratie, sont souvent perçues comme un spectacle où les dés sont pipés en faveur des propriétaires et de l'élite économique.

Bien que chaque citoyen ait théoriquement le droit de se porter candidat et de voter, les candidats issus du camp des travailleurs sont rarement en position de gagner. Les propriétaires, avec leurs ressources financières et leur influence médiatique, identifient bien avant les élections des candidats susceptibles de protéger leurs intérêts. Ces candidats, souvent issus de milieux ministériels ou ayant des responsabilités politiques antérieures, sont mis en avant par les médias, renforçant leur image de dirigeants compétents. [6] Ils maîtrisent l'art de la communication, affichant une assurance et une sincérité qui masquent souvent des intentions cachées.

Le processus électoral devient alors une compétition soigneusement orchestrée, où les véritables opposants sont marginalisés et où les voix dissidentes sont noyées sous une promotion médiatique massive des candidats choisis par l'élite.

Ceux qui prétendent représenter les travailleurs se voient attribuer des temps de parole médiatiques dérisoires, et toute véritable opposition est neutralisée par la mise en avant de candidats inoffensifs.

Au final, les élections présidentielles, loin d'être un véritable exercice démocratique, deviennent une simple formalité où les véritables décideurs restent dans l'ombre, utilisant les candidats comme des pions pour maintenir le statu quo et perpétuer un système qui leur est favorable.

---

[6] - La plupart des présidents ont été nommés au préalable dans un précédent gouvernement, et ce au moins depuis Georges Pompidou qui fut Premier ministre du général de Gaulle.

LA PILLERIE DES PROPRIETAIRES

Les propriétaires, bénéficiant d'un système électoral favorable, exercent un contrôle considérable sur les lois et les politiques qui régissent la société. Ce pouvoir leur permet non seulement de dominer l'économie, mais aussi de modeler le cadre juridique à leur avantage.

Lorsque des personnes ou des entreprises sont incapables de subvenir à leurs besoins essentiels elles sont souvent obligées de s'endetter, devenant ainsi dépendantes des propriétaires et des institutions financières qui imposent des conditions souvent draconiennes. Cette situation crée une dynamique où les débiteurs sont soumis à des charges financières lourdes qui peuvent les maintenir dans une spirale d'endettement difficile à briser. Les propriétaires, tout en assurant leur propre enrichissement, conservent le contrôle sur les ressources des emprunteurs, accentuant leur pouvoir économique et politique.

Bien qu'il soit important de reconnaître que tous les propriétaires ne sont pas malveillants, ils sont souvent contraints de prendre des décisions qui favorisent la rentabilité à court terme, même si cela signifie sacrifier des initiatives socialement ou écologiquement bénéfiques. Par exemple, des entreprises ayant une utilité sociale ou écologique peuvent être fermées si elles ne génèrent pas les profits attendus dans le cadre du système économique actuel.

Ce système, qui privilégie le profit immédiat, limite les possibilités d'actions orientées vers le bien-être collectif et la durabilité à long terme, renforçant ainsi les inégalités et la dépendance vis-à-vis des élites économiques.

La Mondialisation

La mondialisation de l'économie a engendré une reconfiguration profonde des rapports de force et des dynamiques économiques à l'échelle mondiale.

Si elle a été initialement promue comme une opportunité pour réduire les coûts de production et stimuler le développement des pays sous-développés, ses effets réels se révèlent dévastateurs pour les travailleurs et les États. Cette course effrénée à la compétitivité internationale a en effet favorisé une dégradation des normes sociales et environnementales, les entreprises cherchant à minimiser les coûts pour maximiser les profits.

Dans cette optique, les travailleurs, aussi bien dans les pays développés que dans les pays en développement, se trouvent sous une pression croissante. Ils sont contraints d'accepter des conditions de travail de plus en plus précaires, des salaires insuffisants, et une protection sociale en déclin. Cela s'accompagne d'une fragilisation des acquis sociaux dans les pays industrialisés où les protections des travailleurs sont rognées pour rester compétitives face aux régions à bas coût.

Paradoxalement, alors que la mondialisation est censée favoriser le développement des pays en voie de développement, les principaux bénéficiaires de ce système sont les multinationales et les intermédiaires financiers. Ces derniers profitent de l'écart entre des coûts de production très bas dans les pays en développement et le pouvoir d'achat des consommateurs des pays riches.

Ce modèle économique, centré sur la maximisation du profit, a pour effet de détruire des secteurs entiers dans les pays industrialisés. Les industries traditionnelles, comme le textile, la sidérurgie, la technologie ou l'agriculture, ont vu leur compétitivité érodée par des importations bon marché, entraînant des fermetures d'usines, des pertes d'emplois, et une diminution du savoir-faire local.

Cette dépendance croissante vis-à-vis des importations étrangères a également réduit la souveraineté économique des États. Restaurer cette souveraineté apparaît aujourd'hui comme un défi considérable, nécessitant de reconstruire un tissu industriel et agricole affaibli par des décennies de désindustrialisation.

Les populations sont devenues dépendantes d'un système financier mondial dominé par une élite économique qui exploite cette interdépendance pour renforcer son pouvoir et dicter les orientations politiques et économiques des États. En somme, la mondialisation a surtout consolidé le pouvoir des grandes entreprises et des institutions financières, au détriment de l'autonomie des nations et du bien-être des travailleurs.

Le Chomage de Masse

Le chômage de masse, bien qu'il soit souvent perçu comme une conséquence inévitable des fluctuations économiques, s'intègre parfaitement dans le système capitaliste, où il peut même servir les intérêts des propriétaires.

Après les chocs pétroliers des années 1970, qui ont marqué la fin des "Trente Glorieuses", la stabilité économique a été profondément ébranlée. La hausse brutale des prix de l'énergie a déclenché une inflation généralisée et une contraction de la demande entraînant une montée significative du chômage. Ce bouleversement a mis en lumière les fragilités structurelles de notre système économique.

A ce propos on notera que contrairement à l'idée selon laquelle le chômage serait une fatalité ou un problème complexe et difficile à résoudre, il existe des moyens concrets et efficaces pour le réduire.

Une approche clé serait la création d'emplois adaptés aux besoins actuels, et ne visant plus nécessairement la profitabilité.

Des secteurs tels que la transition énergétique, la restauration écologique, les services sociaux, et l'éducation offrent un potentiel considérable pour absorber une main-d'œuvre qualifiée tout en répondant à des enjeux critiques de notre époque.

Le financement de ces emplois n'est pas hors de portée. Plusieurs options sont envisageables, y compris la récupération des sommes colossales perdues à cause de l'évasion fiscale.

De plus, un contrôle responsable de la création monétaire pourrait être utilisé pour financer des investissements à fort impact social et environnemental. Cette approche s'inspire de pratiques déjà mises en œuvre par des institutions comme la Banque Centrale Européenne qui, dans le cadre de ses politiques de soutien au système financier, a recours à des injections monétaires, opérations dites de « quantitative easing ». (Lors de ces opérations, la BCE a massivement acheté des titres de créances douteuses.)

Cependant, ces solutions se heurtent à une forte résistance idéologique de la part des cercles influents de la finance et de la politique, qui sont réticents à remettre en question les fondements du système capitaliste actuel. Cette opposition, enracinée dans la préservation des intérêts de l'élite économique, contribue à maintenir des taux de chômage élevés, malgré l'existence d'alternatives viables.

En conséquence, le chômage de masse persiste non pas par manque de solutions, mais à cause d'une volonté délibérée de maintenir le statu quo.

La Pyramide Economique

Bien que le capitalisme ait entraîné une élévation du niveau de vie dans les pays développés, il exerce une pression économique ravageuse.

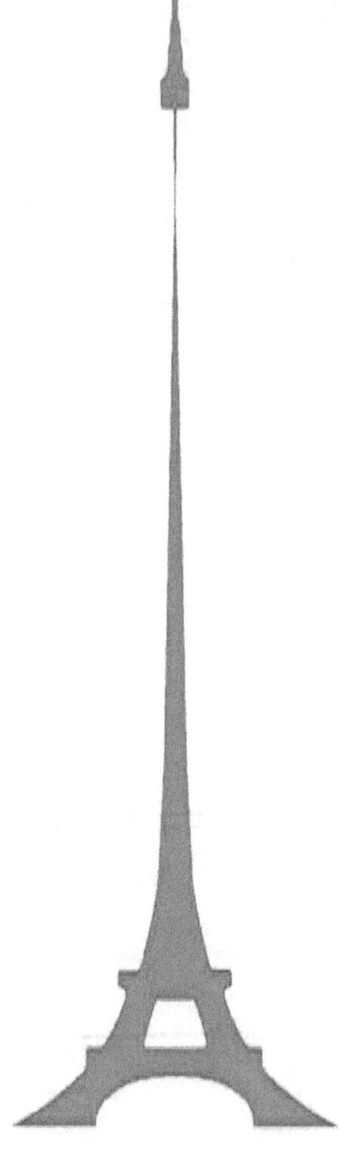

Le capitalisme génère une pression économique intense qui se manifeste par des inégalités croissantes à l'échelle mondiale.

Elle est d'autant plus forte que – à l'échelle des pays tout comme à celle des individus – l'on se trouve vers le bas de la pyramide économique et sociale mondiale : nulle en haut ; écrasante en bas.

Cette pyramide est d'ailleurs plutôt une « tour Eiffel » au sommet toujours plus élancé.

Quelque soit l'étage où l'on se trouve, en général on aspire naturellement à grimper.

La plupart de ceux qui occupent les étages moyens et supérieurs jugent le monde ainsi bien fait, d'autant que les inférieurs sont hors de leur champ de conscience.

Cet édifice reste stable. Du moins, jusqu'à ce que la partie « moyenne » ne décroche, du fait de l'évolution du système.

Le capitalisme, à terme, pourrait se diriger vers un scénario où la production est largement automatisée et dominée par des machines et de l'Intelligence Artificielle, réduisant considérablement le besoin de main-d'œuvre humaine. Cette évolution est déjà en cours avec les avancées technologiques rapides et la montée de l'automatisation dans divers secteurs. Voici quelques aspects et implications de ce potentiel futur :

Automatisation et Élimination des Travailleurs

- Les machines peuvent produire des biens et services à des coûts beaucoup plus faibles que la main-d'œuvre humaine. Avec des coûts de production en baisse, il devient économiquement plus intéressant pour les entreprises de remplacer les travailleurs par des technologies avancées. Ce phénomène pourrait conduire à une situation où de nombreux emplois disparaissent, et les travailleurs qui restent en emploi pourraient être en compétition pour des postes restreints.

Dissolution des Entreprises et Disparition de la Clientèle Solvable

- Si la majorité des entreprises disparaissent en raison de l'incapacité de maintenir une clientèle solvable, cela pourrait entraîner une concentration accrue des richesses et du pouvoir entre les mains d'une minorité qui contrôle les technologies et les ressources essentielles. Cette concentration de pouvoir pourrait engendrer une société où les besoins des propriétaires deviennent les seules priorités économiques, tandis que le reste de la population est pour l'essentiel exclu du système économique.

Concentration de Richesses et Pouvoir

• À mesure que les richesses et le pouvoir se concentrent davantage, les inégalités économiques et sociales se creusent. Les propriétaires de technologies et d'infrastructures deviennent de plus en plus influents, contrôlant non seulement les moyens de production mais aussi l'accès aux biens et services essentiels. Cela pourrait mener à une société où les ressources sont distribuées de manière encore plus inégale, avec un petit groupe qui détient la majorité des richesses et du pouvoir, tandis que le reste de la population lutte pour survivre.

Stabilité Apparente mais Précarité Sous-Jacente

La stabilité apparente observée au sommet peut être trompeuse :

• **Vulnérabilités Systémiques :** Les systèmes économiques basés sur des inégalités extrêmes sont intrinsèquement instables. La concentration de la richesse et du pouvoir peut mener à des crises économiques, des bouleversements sociaux, et des tensions politiques. Les crises financières, les mouvements de protestation, et les conflits sociaux sont souvent les symptômes de ces instabilités latentes.

• **Tendances Vers des Écarts Accrus :** Les mécanismes du capitalisme, tels que la déréglementation, la concurrence féroce, et les politiques fiscales favorables aux riches, peuvent exacerber encore plus les écarts économiques. Les individus au sommet continuent de s'enrichir, tandis que ceux en bas de l'échelle se retrouvent encore plus désavantagés.

L'Effondrement du Systeme Capitaliste

Le système capitaliste, basé sur la propriété privée et l'expansion illimitée de la production et du commerce de marchandises, semble aujourd'hui en phase d'effondrement. Ce modèle économique a longtemps été soutenu par l'idée que la croissance serait perpétuelle, ignorant les limites intrinsèques des ressources naturelles et les contraintes environnementales. La reconnaissance de ces limites et l'admission qu'une telle croissance ne peut perdurer nécessitent une révision fondamentale des règles du jeu économique.

Cependant, les acteurs dominants du système capitaliste, réticents à remettre en cause le statu quo, tentent par tous les moyens de prolonger ce modèle, malgré ses signes évidents de déclin.

Intervention des Banques Centrales et Conséquences[7]

Pour freiner l'effondrement économique, sous le vocable pudique de « quantitative easing » que nous avons déjà évoqué, les banques centrales interviennent en injectant massivement des liquidités dans le système financier. Elles achètent des titres de créance, souvent considérés comme peu fiables ou spéculatifs, auprès des banques commerciales et des entreprises cotées en bourse. Cette stratégie a plusieurs conséquences notables :

• **Prêts à Taux Négatifs :** En accordant des prêts à taux négatifs aux banques commerciales, les banques centrales les encouragent à prêter davantage plutôt qu'à immobiliser leurs liquidités. Cette politique a favorisé la spéculation et encouragé des investissements à haut risque.

• **Maintien Artificiel de la Valeur des Actifs :** Les banques centrales soutiennent la valeur des actifs financiers en rachetant des titres de créance. Cela permet aux entreprises concernées de verser des dividendes à leurs actionnaires, malgré des difficultés économiques sous-jacentes.

• **Substitution de Risques :** En assumant les risques pris par les spéculateurs, les banques centrales encouragent les activités hautement spéculatives. Cela crée un décalage entre les marchés financiers et l'économie réelle.

---

[7] https://www.banque-france.fr/fr/publications-et-statistiques/publications/quantitative-easing

Conséquences sur l'Économie Réelle et les Inégalités

L'économie réelle, négligée au profit de l'économie financière, souffre des conséquences suivantes :

- **Pénurie de Liquidités :** Contrairement aux grandes entreprises aidées par l'Etat et la banque centrale comme on vient de le voir, les petites et moyennes entreprises souffrent d'un manque de liquidités qui pénalise leur activité économique, entraînant des réductions de personnel, des fermetures d'entreprises et des faillites.

- **Réduction de la Masse Salariale :** La diminution de l'activité économique entraîne une baisse des salaires et une réduction du pouvoir d'achat global. Cela accroît la précarité économique et aggrave les inégalités sociales.

- **Inflation des Actifs et Déflation des Produits Manufacturés :** La politique monétaire des banques centrales provoque une inflation des prix des actifs financiers prisés par les plus riches. En revanche, les prix des produits manufacturés sont soumis à une pression déflationniste en raison de la réduction de la demande, de l'automatisation, et de la concurrence des pays à bas coûts de production.

- **Augmentation des Coûts Liés à la Spéculation :** La spéculation sur les matières premières, l'énergie et les importations entraîne une hausse des coûts, pénalisant à la fois les particuliers et les entreprises.

Conclusion sur l'Avenir du Système Capitaliste

L'avenir du système capitaliste semble de plus en plus incertain, marqué par des signes d'effondrement structurel et une détérioration croissante de la relation entre l'économie réelle et le marché financier. Voici les points clés à considérer pour comprendre cette évolution :

- **Dépendance aux Dividendes :** L'évaluation des entreprises cotées en bourse est désormais largement déterminée par leur capacité à distribuer des dividendes. Cette situation est accentuée par le soutien massif des banques centrales, qui fournissent des liquidités permettant à ces entreprises de maintenir ou d'augmenter ces distributions, même en l'absence d'une activité économique solide. Ce phénomène a conduit à l'existence d'entreprises dites "zombies", qui continuent d'exister principalement grâce à un accès facilité aux fonds, tout en se débarrassant de leur personnel.

- **Risque d'un Nouvel Ordre :** En retardant l'effondrement du système capitaliste, les banques centrales et les élites économiques ont la possibilité de préparer la transition vers un nouvel ordre économique et politique. Ce nouvel ordre pourrait voir une concentration accrue du pouvoir entre les mains des ultra-riches, tandis que les États, de plus en plus autoritaires, pourraient renforcer leur contrôle pour maintenir l'ordre économique établi.

Perspectives

L'effondrement du capitalisme, tel qu'il est actuellement pratiqué, est de plus en plus probable. La dépendance croissante aux marchés financiers, les dérives spéculatives et les déséquilibres économiques fondamentaux mettent en lumière la fragilité du système.

Le pouvoir dans nos sociétés repose fondamentalement sur deux piliers : la possession des ressources premières (Voir p.78) et la maîtrise de la monnaie. Cette réalité soulève une question cruciale :

À qui devrait revenir cette possession, et quel devrait être son objectif ?

Cette interrogation est au cœur de la réflexion sur la répartition du pouvoir économique et financier dans nos sociétés modernes. La concentration des ressources et du pouvoir monétaire entre les mains d'une minorité soulève des préoccupations majeures concernant l'équité et la justice sociale. La réponse à cette question déterminera non seulement l'avenir de nos économies, mais aussi la configuration de nos systèmes sociaux et politiques.

Réflexions sur la Répartition du Pouvoir

- **Concentration vs. Partage Équitable** : Aujourd'hui, le pouvoir économique est massivement concentré entre les mains de quelques individus et institutions. Cela soulève une question essentielle : ce pouvoir ne devrait-il pas être réparti de manière équitable au sein de la société ?

- **Objectifs de la Détention des Ressources** : La manière dont les ressources et la monnaie sont utilisées est également cruciale. Devraient-elles être exploitées principalement pour le profit individuel, ou devraient-elles servir des objectifs collectifs plus larges, tels que la satisfaction des besoins universels et la protection de l'environnement ?

La deuxième partie de ce livre explore ces questions en profondeur, proposant des pistes pour réinventer nos systèmes économiques et sociaux de manière à répondre aux défis actuels et à construire un avenir plus juste et équilibré pour tous.

IMAGINER LE SYSTEME D'APRES

Differences Conceptuelles

- Le système proposé introduit des distinctions fondamentales par rapport au système actuel. Notamment, les loyers ne seraient plus considérés comme une simple contrepartie pour l'usage d'un bien appartenant à la collectivité, mais plutôt comme une forme d'impôt contribuant au financement collectif.

- **Souveraineté Monétaire et Législative :** Le système proposé repose sur une souveraineté nationale totale, garantissant à la nation un contrôle exclusif sur la création monétaire et la législation. Cette indépendance vise à instaurer un système économique et politique réellement équitable, à l'abri d'ingérences extérieures.

- **Fondements Légitimes :** Pour concevoir un système véritablement légitime, nous nous sommes basés sur la **Déclaration des droits de l'homme et du citoyen de 1789.**

Plus particulièrement, l'**article 17** de cette déclaration est essentiel pour comprendre les principes fondamentaux qui sous-tendent le système proposé.

L'article 17 stipule que la propriété est un droit inviolable et sacré, **mais qu'elle peut être limitée lorsque la nécessité publique l'exige**, sous réserve d'une constatation légale et d'une indemnité juste et préalable.

Ce principe est fondamental pour envisager un système économique dans lequel la propriété et les ressources seraient gérées au service de l'intérêt collectif, plutôt qu'au profit d'intérêts individuels ou privés.

La Déclaration des droits de l'homme et du citoyen de 1789 (parfois abrégée en DDHC) est un texte fondamental de la Révolution française, qui énonce un ensemble de droits naturels individuels et les conditions de leur mise en œuvre. Ses derniers articles sont adoptés le 26 août 1789.

La Déclaration est un des trois textes visés par le préambule de la Constitution française du 4 octobre 1958. Sa valeur constitutionnelle est reconnue par le Conseil constitutionnel depuis 1971. Ses dispositions font donc partie du droit positif français, et se placent au plus haut niveau de la hiérarchie des normes en France. [8]

DÉCLARATION DES DROITS DE L'HOMME ET DU CITOYEN DE 1789[9]

Art. 17. *La propriété étant un droit inviolable et sacré, nul ne peut en être privé, si ce n'est lorsque la nécessité publique, légalement constatée, l'exige évidemment, et sous la condition d'une juste et préalable indemnité.*

---

[8] - source : Wikipédia

[9] - https://www.legifrance.gouv.fr/Droit-francais/Constitution/Declaration-des-Droits-de-l-Homme-et-du-Citoyen-de-1789

RÉINTERPRÉTATION DE L'ARTICLE 17 DE LA DDHC

Bien que l'article 17 de la Déclaration des droits de l'homme et du citoyen de 1789 ait été conçu pour protéger la propriété privée, il contient l'élément essentiel qui, aujourd'hui, justifie sa remise en question. Cet article précise en effet que **la propriété privée peut être remise en cause si la nécessité publique l'exige.**

À l'époque de la rédaction de cet article, en 1789, la gestion privée des ressources naturelles, bien que parfois malmenée, était encore supportable. Cela s'expliquait par la faible population mondiale et l'exploitation encore limitée de ces ressources. Cependant, les conditions ont radicalement changé aujourd'hui.

Avec une population mondiale en forte croissance et une exploitation massive et souvent destructrice des ressources naturelles, il est devenu impératif de gérer ces ressources de manière rationnelle et durable. Ce besoin ne peut être pleinement satisfait que par une organisation collective, qui s'étend idéalement au-delà des frontières nationales pour atteindre une échelle mondiale.

Nous développerons ce point plus en détail après avoir précisé la définition des termes et concepts essentiels qui soutiennent cette vision d'une gestion collective des ressources.

Réinterprétation des Concepts

- **Propriété** : La propriété a été traditionnellement associée à un droit individuel absolu, inscrit dans des textes fondamentaux comme la Déclaration des droits de l'homme et du citoyen.

Cependant, au-delà de cette conception, elle peut être repensée comme une responsabilité collective, surtout lorsque les ressources en question sont vitales pour la survie de tous.

- **Liberté** : Souvent invoquée pour justifier le droit de posséder et d'accumuler, la liberté économique a été perçue comme le pouvoir de faire ce que l'on souhaite avec ses biens.

Mais la véritable liberté doit aussi inclure la possibilité pour chaque individu d'accéder aux ressources nécessaires pour vivre dignement. Cette liberté collective ne peut être garantie que par une gestion rationnelle des ressources et une répartition équitable des richesses.

- **Collectivité** : La collectivité désigne l'ensemble des individus regroupés pour un objectif commun. Dans le cadre de la gestion des ressources, la collectivité incarne l'idée que certaines richesses doivent être administrées non pas pour des intérêts privés, mais pour le bien commun, avec une gestion démocratique et transparente.

- **Communisme et Libéralisme au sens économique** : Ces deux systèmes économiques représentent des extrêmes dans la gestion des ressources et des droits de propriété. Le communisme prône une collectivisation totale des moyens de production, tandis que le libéralisme défend une liberté économique maximale avec une propriété privée absolue.

Dans notre contexte, il est crucial de dépasser ces dichotomies pour trouver un équilibre où les ressources essentielles sont gérées collectivement, sans pour autant nier l'initiative individuelle.

- **Administration** : L'administration ne se réfère pas simplement à la bureaucratie étatique, mais à la gestion efficace et équitable des ressources, qu'elles soient matérielles ou immatérielles. Il s'agit de créer des structures capables de réguler et d'allouer les ressources de manière juste, en répondant aux besoins de la collectivité tout en respectant les libertés individuelles.

- **Inflation** : Dans le contexte actuel, l'inflation est souvent le résultat d'une création excessive de monnaie pour soutenir des actifs financiers, ce qui entraîne une augmentation des prix des biens et services, souvent au détriment des plus vulnérables. Une gestion équilibrée de l'inflation implique de s'assurer que la monnaie créée soit dirigée vers des secteurs bénéfiques pour l'économie réelle, comme les services publics et la transition écologique.

- **Déflation** : La déflation, quant à elle, reflète souvent une contraction de l'économie réelle, marquée par une baisse des prix résultant d'une saturation de la demande. Bien qu'elle puisse sembler avantageuse à court terme, elle traduit une fragilité économique qui nécessite des régulations appropriées.

- **Croissance** : La croissance économique a longtemps été le moteur du développement, mais elle ne peut plus être vue comme une fin en soi.

Dans un monde aux ressources limitées, il est nécessaire de redéfinir la croissance pour qu'elle soit qualitative plutôt que quantitative, axée sur le bien-être humain et écologique plutôt que sur l'augmentation indéfinie de la production et de la consommation.

Ces concepts, bien qu'empreints d'une histoire chargée de conflits et de luttes, doivent être revisités pour envisager un avenir où la gestion des ressources se fait dans un souci de justice, de durabilité et de prospérité partagée.

Les Types de Propriété

- **Entière Propriété** L'entièreté de la propriété, souvent désignée simplement par le terme "propriété," confère à son détenteur un ensemble complet de droits sur un bien. Cela inclut le droit d'usage, de disposition (vendre, échanger), et même de destruction de la chose possédée. Ce type de propriété permet au propriétaire d'agir sans restrictions extérieures, en exploitant pleinement le potentiel du bien, que ce soit pour un usage personnel ou pour en tirer un profit financier. Ce droit complet englobe à la fois l'aspect matériel (utilisation directe) et l'aspect financier (gain économique).

- **Propriété d'Usage** La propriété d'usage se concentre sur l'exploitation directe d'un bien par son détenteur, qui peut l'utiliser et en tirer un profit à travers son exploitation. Cependant, ce type de propriété ne permet pas de disposer du bien de manière absolue. Par exemple, les locataires ou exploitants ont le droit de tirer parti de l'usage du bien pour générer des revenus, mais ils ne peuvent ni le vendre, ni l'échanger, ni le détruire.

Ce type de propriété est commun dans les contrats de location ou d'exploitation où le détenteur du droit d'usage peut maximiser l'utilité du bien, mais reste limité dans sa capacité à disposer de celui-ci.

- **Propriété Lucrative** La propriété lucrative, en revanche, est axée sur la capacité du propriétaire à générer des profits sans nécessairement utiliser directement le bien concerné. Il peut vendre, échanger, louer ou détruire le bien, tirant ainsi un bénéfice financier de ces transactions.

Ce type de propriété alimente la spéculation (profit tiré de la revente à un prix supérieur), la rente (perception de revenus réguliers tels que les loyers ou dividendes), et contribue souvent à l'accumulation de richesses.

Par exemple, un propriétaire d'immeubles ou d'entreprises peut percevoir des loyers ou vendre les actifs pour générer des gains financiers, sans exploiter directement les biens concernés.

Une Autre Organisation Économique

Nous proposons ici une alternative radicale à l'organisation économique actuelle, que nous considérons comme le fruit inévitable d'une révolution. Cette transformation, que nous envisageons, serait à la fois complexe et difficile à prédire dans ses détails.

Bien que nous soyons conscients de l'importance vitale de cette transition, ses modalités précises nous échappent en grande partie. Il serait présomptueux de notre part de prétendre détenir les réponses pertinentes aux défis colossaux que pose la réorganisation du monde. En réalité, cette tâche devrait être confiée à des experts sélectionnés pour leurs indépendance et compétences, qui ne sont influencés par aucun intérêt particulier. Ces spécialistes devraient travailler avec pour seul objectif le bien commun, et non la défense d'intérêts personnels ou corporatifs.

Cependant nous souhaitons partager quelques idées et suggestions, non pas comme des vérités absolues, mais comme des pistes de réflexion qui, nous l'espérons, pourront inspirer un débat constructif. Ces propositions reposent sur des principes de bon sens, visant à créer une organisation économique plus équitable, durable, et orientée vers le bien-être collectif.

Notre intention n'est pas de définir un plan rigide ou une solution unique, mais plutôt de contribuer à un processus de réflexion collective, en jetant les bases d'une économie humaine et écologiquement responsable.

Quadruple Crise

Nous sommes actuellement confrontés à une quadruple crise d'une ampleur sans précédent, touchant les domaines écologique, financier, économique et social. Chacune de ces crises est profondément interconnectée, exacerbée par les structures et les pratiques du système capitaliste dominant.

- **Crise écologique**

La crise écologique est peut-être la plus visible et la plus alarmante. Elle résulte directement de l'exploitation intensive et irresponsable des ressources naturelles, motivée par une quête incessante de profit. Le capitalisme, en tant que système, favorise une croissance économique sans fin, ce qui conduit à la perte de biodiversité, à la pollution des sols, de l'air et de l'eau, et à un changement climatique aux conséquences désastreuses. Ce modèle de développement est insoutenable et met en péril l'avenir même de l'humanité.

- **Crise financière**

La crise financière trouve ses racines dans le laxisme des autorités de régulation, qui ont permis une dérégulation monétaire profitable aux spéculateurs et aux intermédiaires financiers. Cette dérégulation a entraîné une série de bulles économiques et de krachs financiers qui ont déstabilisé l'économie mondiale, augmentant les inégalités et provoquant une précarité accrue pour les populations les plus vulnérables. La finance, au lieu de servir l'économie réelle, s'est transformée en un jeu de spéculation où les gains sont privatisés et les pertes socialisées.

- **Crise économique**

La crise économique est une conséquence directe de la crise financière. Les dérèglements du système financier ont provoqué des récessions, une baisse de l'activité économique, et amplifié le chômage de masse. Les petites et moyennes entreprises, colonne vertébrale de l'économie réelle, souffrent d'un manque de liquidités et sont souvent les premières à faire faillite. Les travailleurs, quant à eux, subissent les effets de la compression des salaires, de la précarisation de l'emploi, et de la réduction des protections sociales.

- **Crise sociale**

Enfin, la crise sociale découle de l'aggravation des inégalités économiques et de l'érosion des droits sociaux. La fracture entre les riches et les pauvres se creuse, engendrant des tensions et des conflits au sein des sociétés. Les populations marginalisées sont de plus en plus nombreuses, et la cohésion sociale est menacée par la montée des frustrations et des ressentiments.

LA REVOLUTION INACHEVEE

Face à cette quadruple crise, **il devient impératif de poursuivre la révolution commencée en 1789.**

À cette époque, le pouvoir est passé des monarques absolus aux grands propriétaires terriens et bourgeois. Aujourd'hui, ce pouvoir doit être restitué au peuple éclairé, capable de prendre en main son destin et de construire une société plus juste.

Le philosophe Nicolas de Condorcet affirmait qu'un peuple éclairé confie ses intérêts à des hommes instruits et sages. À l'inverse, un peuple ignorant devient une proie facile pour les manipulateurs et les tyrans, qui exploitent sa crédulité à leur avantage. Pour prévenir de telles dérives, une éducation authentique et un accès libre à l'information sont indispensables. Une population bien informée constitue le rempart le plus solide contre les abus de pouvoir et les dérives autoritaires.

Vers un Nouvel Horizon

Pour surmonter cette quadruple crise, une refonte complète de nos systèmes économiques, politiques et sociaux est nécessaire. Il ne s'agit pas simplement de corriger les excès du capitalisme, mais de repenser en profondeur les structures qui régissent nos sociétés.

Le pouvoir économique doit être redistribué, la finance régulée pour servir l'intérêt public, et les ressources naturelles protégées pour les générations futures. Cette transformation nécessitera un effort collectif et un engagement résolu pour construire un avenir où le bien-être de tous prime sur les intérêts d'une minorité.

Ce n'est qu'en achevant cette révolution que nous pourrons espérer répondre aux défis colossaux de notre temps.

LES RESSOURCES PREMIERES

La propriété et le contrôle des ressources premières jouent un rôle central dans la concentration du pouvoir économique. Comme discuté dans la première partie, leur nature limitée confère à leurs détenteurs une autorité quasi-totalitaire, renforçant les inégalités et les déséquilibres systémiques.

Voici une liste des ressources essentielles qui structurent ce pouvoir :

- **La Biosphère, le Sol, et le Sous-Sol** :

La biosphère regroupe l'ensemble des écosystèmes terrestres et marins, indispensables à la vie et à la préservation des ressources naturelles.

Le sol et le sous-sol incluent les terres agricoles, les minéraux, les réserves d'eau, ainsi que d'autres ressources essentielles à la production et au développement humain.

- **Les Réseaux de Communication** :

Matériel : Les infrastructures physiques telles que les routes, les chemins de fer, les ports, et les réseaux de télécommunications qui facilitent les échanges économiques et sociaux.

Énergie : Les sources d'énergie, comme le pétrole, le gaz, l'électricité, et les énergies renouvelables, qui alimentent l'économie et les industries.

Informationnel : Les canaux et technologies qui permettent la diffusion de l'information, les systèmes de données, et les plateformes numériques.

- **Les Services de Santé et d'Éducation :**

Santé : Les infrastructures, les services et les professionnels de la santé qui assurent le bien-être et la productivité des individus.

Éducation : Les institutions éducatives et les systèmes de formation qui forment les citoyens et les travailleurs, influençant leurs compétences et leur mobilité sociale.

- **Les Immeubles :**

Les propriétés immobilières, telles que les bâtiments résidentiels, commerciaux, et industriels, qui jouent un rôle crucial dans l'économie et l'organisation urbaine.

- **Les Grandes Entreprises :**

Les sociétés multinationales et les grandes entreprises qui dominent les marchés, influencent les économies locales et globales, et détiennent un pouvoir considérable sur les conditions de travail et les prix.

- **Les Médias :**

Les institutions médiatiques qui fabriquent et diffusent l'opinion publique, influençant les perceptions, les croyances, et les comportements sociétaux.

- **Le Savoir :**

La connaissance et les technologies, qui permettent l'innovation, la production, et le développement.

- **Les Informations Stratégiques** :

Les données et renseignements cruciaux pour la sécurité nationale, les stratégies économiques, et les décisions politiques. L'accès et le contrôle de ces informations peuvent déterminer les politiques et les priorités à différents niveaux.

- **La Monnaie** :

Dans l'économie moderne, les institutions financières exercent une influence décisive sur les politiques économiques, choisissant les projets qu'elles financent ou non. Par exemple, elles mobilisent d'importantes liquidités pour sauver les banques tout en délaissant des secteurs essentiels tels que le système hospitalier ou la dépollution des océans.

Ceux qui détiennent le contrôle sur ces ressources disposent d'un pouvoir immense, qui s'étend au-delà de l'économie pour influencer profondément la politique, la société, et la culture.

Ainsi, le contrôle des ressources premières et plus particulièrement celui de la monnaie, est synonyme de pouvoir absolu.

CLARIFICATION DES OBJECTIFS

Vers une Réforme Juste et Durable

Il est essentiel de clarifier que la proposition qui suit ne vise pas à instaurer un communisme primaire ou un égalitarisme radical. Le but est de réinventer un système économique qui **équilibre le profit individuel avec des objectifs collectifs** de justice sociale, de durabilité et d'équité.

Voici les principes directeurs de cette réforme

Reconnaissance du Profit comme Moteur

- **Profit comme Incitation** : Le profit individuel est un moteur important pour l'innovation et l'entrepreneuriat. Il est crucial pour encourager les talents et les initiatives qui conduisent à des avancées technologiques et sociales.

- **Le Profit est aligné avec le bien commun** : Le profit individuel serait compatible avec la préservation des ressources essentielles et le bien-être collectif, garantissant ainsi un équilibre entre les intérêts personnels et ceux de la société.

- **Récompense Juste** : Le profit permet d'atteindre des objectifs personnels, tels qu'une retraite anticipée ou la poursuite de passions. Cette récompense est légitime, tant qu'elle ne se fait pas au détriment des ressources essentielles de tous et qu'elle contribue à l'intérêt général.

Limitation de l'Accumulation Privée des Ressources Indispensables

- **Préservation des Ressources Essentielles** : Les ressources premières essentielles à la survie et au bien-être collectif seront socialisées afin de prévenir tout accaparement, tout en garantissant une gestion responsable intégrant des droits d'usage privés.

Projets Environnementaux

- Le travail nécessaire pour restaurer et préserver l'environnement est vaste et essentiel. Ce secteur offre de nombreuses opportunités d'emploi tout en soutenant la durabilité de notre écosystème.

En conclusion, cette approche vise à équilibrer les bénéfices individuels avec des objectifs de justice sociale et de durabilité, tout en assurant que les ressources essentielles sont protégées et utilisées de manière équitable pour le bien de tous.

Réflexion sur la Répartition des Profits et des Ressources Humaines

Il est crucial de noter que la recherche de profit n'est pas intrinsèquement synonyme de surexploitation des travailleurs.

Le problème majeur réside dans la manière dont les systèmes économiques et les politiques régulent le marché du travail et les conditions de travail.

Pour garantir que la quête de profit n'entraîne pas des conditions de travail dégradantes, il est nécessaire de mettre en place des mécanismes de régulation adaptés.

Gestion des Ressources

• **Indemnisation et Transfert** : Les collectivités reprendraient la propriété lucrative des ressources premières, telles que terres, grandes entreprises et biens essentiels. Les propriétaires légitimes seraient équitablement indemnisés.

• **Rôle du Conseil de Sages :** Un Conseil de Sages, dont la composition est détaillée plus loin, constitué de représentants désignés avec l'accord du peuple, serait chargé de gérer ces ressources. Ce Conseil serait chargé de définir les priorités économiques, en veillant à ce que les décisions reflètent les besoins collectifs plutôt que les intérêts d'une minorité.

• **Remise en État de l'Éco-Socio-Système : Restauration Écologique :** Il est impératif de restaurer les écosystèmes endommagés par les pratiques capitalistes antérieures. Cela implique des actions coordonnées pour restaurer les habitats naturels, purifier les eaux et régénérer les sols.

• **Réparation des Dégradations Sociales :** En parallèle, il est crucial de remédier aux inégalités sociales créées par le système économique précédent. Cela inclut la création de programmes de soutien social et d'éducation pour améliorer les conditions de vie.

• **Rationalisation des Structures : Économie Planifiée :** L'économie serait réorganisée pour être rationnelle. Les décisions économiques seraient basées sur des besoins réels plutôt que sur des profits rapides.

- **Relocalisation des Productions :** Pour minimiser les impacts environnementaux liés aux transports et à la chaîne de production, il est proposé de relocaliser les productions. Cela inclut le développement de chaînes d'approvisionnement locales et durables, ainsi que des infrastructures pour le recyclage.

- **Utilisation des Ressources Renouvelables** : Les pratiques économiques seraient prioritairement axées sur l'exploitation des ressources renouvelables et recyclables, plutôt que sur celles simplement les plus rentables.

La production et la consommation seraient adaptées pour s'intégrer harmonieusement dans les cycles naturels.

- **Innovation Durable :** Les entreprises et les technologies seraient développées avec un objectif de durabilité, intégrant des principes d'économie circulaire et de réduction des déchets.

- **Liberté d'Investissement Privé** : Chaque individu conserverait la liberté d'investir dans des entreprises afin de générer des profits. Cependant, ces profits ne pourraient plus contribuer à une accumulation incontrôlée de ressources, puisque les ressources essentielles seraient gérées collectivement. Ils serviraient plutôt à améliorer la qualité de vie personnelle ou à être réinvestis dans des entreprises. Ces dernières seraient encouragées à participer à des marchés publics et à collaborer avec des initiatives collectives.

- **Objectifs Collectifs : Alignement des Intérêts :** Les entreprises auraient des incitations à répondre aux besoins collectifs, non par contrainte, mais parce que cela correspondrait à leurs intérêts. Les marchés publics et les financements de projets seraient des moteurs de cette dynamique.

Conclusion

Le système proposé vise à transférer la propriété des ressources premières et le contrôle de la monnaie au peuple, en garantissant une gestion collective des biens essentiels.

Cette approche permettrait non seulement de restaurer et protéger l'environnement, mais aussi de promouvoir une économie plus juste et durable.

En réorganisant les structures économiques pour qu'elles répondent aux besoins collectifs tout en permettant un profit légitime, nous pourrions créer un avenir où la prospérité est partagée et la planète préservée.

Préserver les Ressources Premières

Pour garantir une gestion équitable et durable des ressources essentielles, il est impératif de faire une distinction claire entre **ressources premières** et **ressources secondaires**. Cette distinction permet de mieux comprendre les enjeux liés à la gestion et à la propriété des ressources dans un nouveau système économique.

Distinction entre Ressources Premières et Ressources Secondaires

Les Ressources Premières

•	**Définition** : Comme nous l'avons vu, Il s'agit des éléments essentiels dont la disponibilité est naturellement limitée. Leur gestion est cruciale pour garantir le soutien des activités économiques et répondre aux besoins fondamentaux de l'humanité.

•	**Caractère Indispensable :** Ces ressources sont essentielles pour toutes les activités humaines. Leur utilisation et leur préservation sont cruciales pour le bien-être de la société et la durabilité de l'environnement.

•	**Propriété et Gestion Collective : Collectivité comme Détentrice :**
La collectivité propriétaire serait responsable de la gestion des ressources premières. Cette approche vise à garantir que les ressources essentielles soient utilisées de manière rationnelle et équitable, dans l'intérêt commun en priorité.

- **Gestion Publique Responsable :** Les ressources premières seraient administrées pour éviter l'épuisement et la dégradation, et promouvoir leur utilisation durable. Les décisions de gestion seraient prises avec une perspective à long terme, en intégrant les besoins présents et futurs de la société. La gestion des ressources premières viserait la préservation et l'optimisation des ressources pour le bien commun.

Les Ressources Secondaires

- **Définition :** Ce sont celles que l'on peut produire ou transformer à partir des ressources premières. Elles incluent les biens et services manufacturés ou cultivés, comme les aliments, les produits manufacturés, les énergies renouvelables...

- **Flexibilité de Production :** À la différence des ressources premières, les ressources secondaires peuvent être produites en quantités ajustables selon les besoins et les capacités disponibles. Par exemple, la production alimentaire peut être augmentée tant que les terres cultivables et les ressources nécessaires sont accessibles, de même que la production industrielle, tant que les ressources premières sont suffisantes.

Concept de Communisme Liberal

Communisme Libéral : Ce modèle combine des éléments de communisme, en ce sens que les ressources premières sont collectivement détenues et gérées, avec des principes de libéralisme où les individus peuvent exercer des activités économiques libres dans les limites fixées par la gestion collective des ressources.

L'objectif est de créer un équilibre entre la gestion collective des ressources essentielles et la liberté individuelle d'investir et de profiter des activités économiques, sans permettre une accumulation excessive.

La gestion des ressources premières dans un cadre collectif vise à préserver ces biens essentiels pour le bien commun, tout en permettant une économie dynamique et innovante.

En séparant les responsabilités entre la gestion des ressources premières et la production de ressources secondaires, il est possible de créer un modèle économique qui équilibre les impératifs de durabilité et d'efficacité avec les besoins et les aspirations des individus.

Ce modèle de communisme libéral propose une nouvelle voie pour organiser l'économie de manière équitable et soutenable, tout en maintenant la liberté économique dans des limites régulées.

Économie Décentralisée vs. Centralisation Industrielle

Le débat sur la nécessité de maintenir une industrie développée à échelle nationale, voire régionale, est crucial pour comprendre comment équilibrer les bénéfices de la décentralisation avec les exigences d'une économie moderne. Voici les points clés à considérer :

Importance de l'Industrie à Grande Échelle

• **Échelle et Complexité :** De nombreux produits essentiels à notre vie quotidienne, tels que les équipements électriques, les machines industrielles, les infrastructures de transport, et les dispositifs médicaux, nécessitent des chaînes de production complexes et coûteuses. Ces chaînes nécessitent une concentration de ressources et de compétences que seuls les grands ensembles industriels peuvent fournir.

• **Exemples Concrets :** Les ampoules d'éclairage, les machines à laver, les équipements de communication, et les systèmes de production d'électricité verte, entre autres, dépendent de technologies sophistiquées et de processus industriels que le seul artisanat local ne pourrait pas reproduire à grande échelle.

• **Risque de Dépendance :** Sans une capacité industrielle nationale ou régionale suffisante, un pays court le risque de devenir dépendant de régimes politiques ou de fournisseurs étrangers, mettant ainsi en péril sa souveraineté et sa sécurité économique.

- **Indépendance Matérielle :** Le développement d'une industrie nationale permet de préserver une certaine indépendance matérielle et technologique, garantissant que les produits et infrastructures critiques ne soient pas exposés aux interruptions d'approvisionnement ou aux pressions politiques externes.

- **Développement Technologique :** Les grands centres industriels peuvent favoriser l'innovation et le développement technologique, en concentrant des ressources et des talents qui seraient autrement dispersés. Les synergies créées au sein de ces grands ensembles peuvent mener à des avancées significatives dans divers domaines.

Décentralisation et Économie de Proximité

- **Avantages :** La décentralisation des pouvoirs et de certaines productions locales peut promouvoir une meilleure adaptabilité aux besoins locaux, réduire les impacts environnementaux liés aux transports, et encourager des pratiques plus durables.

- **Limites :** Toutefois, certaines industries nécessitent des économies d'échelle qui ne peuvent être réalisées qu'à une échelle plus large, comme la production de haute technologie, les infrastructures critiques, et les équipements spécialisés.

- **Approche Hybride :** Une approche hybride peut être envisagée, où les productions locales et artisanales sont complétées par une industrie nationale ou régionale développée. Cela permettrait de bénéficier des avantages de la décentralisation tout en conservant la capacité industrielle nécessaire pour des produits et infrastructures complexes.

Financement d'une Économie Recentree sur l'Interet Commun

La question du financement est centrale dans la réorganisation de l'économie proposée, et elle implique une refonte complète du système monétaire et fiscal. Voici comment cela pourrait se structurer :

•	**Création Monétaire Sous Contrôle Public** : La banque centrale, seule habilitée à créer de la monnaie, serait placée sous contrôle citoyen afin de garantir que cette création serve exclusivement des projets d'intérêt public, prévenant ainsi les dérives spéculatives au profit d'une minorité.

•	**Financement de l'Investissement Public** : La banque centrale financerait directement les projets publics, éliminant ainsi la nécessité pour l'État de recourir aux marchés financiers pour se financer. Ce système mettrait fin à la dépendance de l'État vis-à-vis des acteurs financiers privés, qui ont souvent des intérêts divergents de ceux de la collectivité.

Dette Publique :

•	**Autofinancement :** Dans ce modèle, l'État ne s'endetterait pas auprès d'acteurs extérieurs, mais emprunterait directement à sa banque centrale, éliminant ainsi la dette publique par construction. Cela mettrait un terme à la spirale de l'endettement où les intérêts grèvent lourdement les ressources fiscales. Il est à noter que la France adoptait une approche similaire via le circuit du Trésor jusqu'en 1973 comme nous l'avons vu p.16.

Régulation de la Masse Monétaire : La Rente Collective

• **Loyer Universel :** La masse monétaire en circulation serait régulée par un système de "Rente collective", un impôt fondé sur l'usage des ressources premières. Chaque citoyen paierait un loyer à l'État fonction de son utilisation des ressources de la planète (habitation, terre, etc.).

• **Équité et Contribution** : Les plus fortunés, en concurrence pour louer des ressources premières comme le foncier et l'immobilier d'exception, seraient incités à surenchérir, ce qui permettrait de contribuer significativement au financement public.

Redistribution et Justice Sociale :

• **Utilisation des Fonds :** Les fonds collectés via la Rente collective et éventuellement ceux de la banque centrale, seraient utilisés pour financer les services publics, les infrastructures, et les projets écologiques, garantissant ainsi que l'ensemble de la société bénéficie de la richesse collective.

Rôle des Banques Commerciales

- **Fin de la Création Monétaire Privée** : Les banques commerciales seraient privées du pouvoir de création monétaire, un pouvoir actuellement exercé lorsqu'elles accordent des prêts. Ce changement limiterait leur influence sur l'économie globale et recentrerait leur rôle sur l'intermédiation financière.

- **Sources de Financement** : Les banques commerciales continueraient de fonctionner grâce aux dépôts privés et aux prêts accordés par la banque centrale. Elles offriraient des crédits au secteur privé, mais sans la capacité d'influer sur la masse monétaire globale, leur rôle serait strictement encadré.

Conclusion

Le modèle de financement proposé ici vise à recentrer le pouvoir économique entre les mains du peuple, via un contrôle citoyen de la création monétaire et une régulation stricte de l'usage des ressources premières.

La Rente collective permettrait de financer l'État de manière équitable, tout en responsabilisant l'utilisation des ressources.

En privant les banques commerciales de la capacité de créer de la monnaie, ce système chercherait à éviter les excès spéculatifs et à orienter les investissements vers des projets bénéfiques pour l'ensemble de la société.

Ce modèle propose une approche où l'économie est réorganisée autour de l'intérêt collectif, avec un souci constant de justice sociale et de durabilité environnementale.

Dans ce modèle économique renouvelé, la restauration de l'éco-socio-système se hisserait au rang de priorité nationale, voire mondiale, devenant ainsi le moteur principal de l'activité économique.

Cette transition stimulerait une dynamique nouvelle, encourageant la création d'entreprises et générant de nombreux emplois dans des secteurs axés sur la durabilité environnementale et sociale.

PROPRIETE FONCIERE ET IMMOBILIERE

La proposition de transférer la propriété lucrative des ressources premières, telles que le foncier et l'immobilier, à la collectivité marque une rupture radicale avec le modèle économique actuel. Ce changement viserait à résoudre les inégalités de pouvoir engendrées par la concentration des ressources essentielles entre les mains de quelques-uns, tout en préservant l'environnement et en assurant une répartition plus équitable des richesses.

Propriété Lucrative et Pouvoir Exorbitant

- **Nature du Pouvoir** : La propriété lucrative des ressources premières, telles que le foncier et l'immobilier, confère un pouvoir disproportionné. Elle dépasse l'exploitation économique en permettant de contrôler des aspects cruciaux de la société, tels que l'accès au logement, et de développer la spéculation.

- **Nécessité du Transfert à la Collectivité** : Pour éviter les abus et garantir une gestion durable et équitable de ces ressources, il est proposé de transférer la propriété lucrative à la collectivité. Cette démarche vise à assurer que l'utilisation de ces biens serve l'intérêt général plutôt que des intérêts privés qui pourraient nuire au bien commun.

Égalité entre Locataires et Propriétaires

- **Un Nouveau Statut : Propriétaire d'Usage** : Dans ce système, les actuels propriétaires fonciers et immobiliers, qu'ils soient occupants ou exploitants, seraient réévalués en tant que propriétaires d'usage. Ils deviendraient ainsi locataires de la collectivité, qui détiendrait la propriété lucrative des biens.

- **Établissement Notarial** : Tout comme dans le système actuel, la propriété d'usage serait enregistrée officiellement devant un notaire. Ce processus garantirait la légitimité et la sécurité des droits des occupants, leur permettant de disposer librement de leur bien, de le transmettre, de l'améliorer, ou de le céder, tout en étant soumis à un loyer collectif.

- **Réduction des Inégalités** : En éliminant la propriété lucrative privée sur ces ressources, on réduirait les disparités économiques qui naissent de la spéculation immobilière et foncière, tout en redistribuant les bénéfices locatifs générés par ces ressources essentielles.

Garanties et Libertés pour les Propriétaires d'Usage

- **Liberté de Disposition** : Les propriétaires d'usage conserveraient une liberté significative concernant leur bien, l'aménager comme ils le souhaitent et la possibilité de le transmettre à leurs descendants. La seule différence majeure résiderait dans le fait qu'ils paieraient un loyer à la collectivité plutôt qu'à un propriétaire privé.

- **Sécurité Juridique** : Ce système serait structuré de manière à offrir une sécurité juridique comparable à celle de la pleine propriété, renforcée par la validation notariale, garantissant ainsi que les droits des individus soient protégés.

- **Héritage Simplifié et Assuré** : Le droit d'usage d'un bien, comme actuellement pour la pleine propriété, pourrait être transmis aux héritiers. Cela garantirait la stabilité des familles et la continuité du cadre de vie d'une génération à l'autre, sans les frais ou les complexités associés à l'acquisition d'une nouvelle propriété.

Financement des Travaux par la Collectivité

- **Partage des Charges de Construction et d'Entretien** : Dans le cadre de la propriété d'usage, les travaux importants, qu'il s'agisse de nouvelles constructions ou de l'entretien majeur des biens, seraient pris en charge par la collectivité, qui resterait propriétaire lucrative. Cela allègerait les charges pour les occupants, tout en garantissant que les infrastructures restent en bon état et répondent aux besoins collectifs.

- **Gestion Collective Efficace** : Ce modèle s'inspire des pratiques actuelles pour les biens appartenant à l'État, où les coûts d'entretien et de rénovation sont couverts par les fonds publics. Cette approche pourrait être étendue, assurant ainsi une meilleure gestion des ressources.

Loyer Variable en Fonction de l'Offre et de la Demande

- **Régulation par le Marché** : Le montant des loyers dépendrait de la demande pour chaque type de bien ou région. Dans les zones très demandées, les loyers pourraient être élevés, reflétant la rareté et l'attrait du lieu. À l'inverse, dans des régions moins prisées, les loyers seraient bas, voire symboliques, encourageant ainsi une répartition plus équilibrée de la population et une redynamisation des territoires délaissés.

- **Opportunités dans les Territoires Abandonnés** : Cette variation des loyers pourrait également attirer de nouveaux habitants vers des zones rurales ou moins développées, souvent riches en charme naturel mais désertées par la société capitaliste. Ce phénomène pourrait revitaliser ces régions et réduire la pression sur les grandes villes.

Transition en Douceur vers le Nouveau Systeme

- **Indemnisation des Ex-Propriétaires** : Pour rendre la transition vers ce nouveau système plus acceptable, il est proposé que les anciens propriétaires soient indemnisés pour la perte de leur propriété lucrative, selon des critères à définir. Cela pourrait inclure des compensations financières ou d'autres formes d'indemnisation, garantissant ainsi une transition juste et pacifique.

- **Maintien du Droit d'Usage pour les Anciens Propriétaires** : Ceux qui étaient propriétaires avant la réforme conserveraient leur droit d'usage sur les biens qu'ils occupaient, devenant ainsi locataires de la collectivité. Ils continueraient à jouir de leur bien, en s'acquittant d'un loyer qui, là encore, dépendrait de l'offre et de la demande.

ENJEUX ET ALTERNATIVES

- **Un Choix Radical mais Nécessaire** : Cette proposition pourrait sembler radicale, voire inquiétante pour certains, compte tenu des bouleversements qu'elle implique. Cependant, elle est présentée comme une réponse nécessaire aux défis actuels, notamment la gestion durable des ressources et la réduction des inégalités.

- **Recherche d'Alternatives :** Bien que ce modèle soit avancé comme une solution viable, l'exploration d'alternatives est évidemment nécessaire. Le défi est de démontrer si une autre méthode pourrait offrir les mêmes avantages en termes de justice sociale et de durabilité environnementale.

- En résumé, la généralisation de la propriété d'usage représenterait un changement profond mais potentiellement bénéfique, en rendant l'accès aux biens immobiliers plus égalitaire, en assurant une meilleure gestion collective des ressources, et en facilitant une transition douce vers une nouvelle organisation économique.

- La proposition de réformer le système en formant des gouvernements de Sages constitue une approche ambitieuse visant à instaurer une gouvernance plus éclairée, équitable, et axée sur les besoins de la collectivité.

PROPOSITIONS POUR LA MISE EN ŒUVRE DES PREMIERS OBJECTIFS LIES A CETTE REFORME

Note : il est évident que ce qui suit dépasse le cadre de ce livre, mais il nous a paru important de le mentionner.

FORMATION DES GOUVERNEMENTS DE SAGES

Rédaction d'une Nouvelle Constitution

• **Assemblée Constituante :** Une assemblée constituante serait chargée de rédiger une nouvelle Constitution. Cette Constitution devrait établir les principes directeurs du nouveau système, définir le rôle et les responsabilités des Sages, et déterminer les modalités de gestion de la monnaie, des ressources et des biens communs.

• **Utilisation d'Internet :** La rédaction de la Constitution pourrait se faire principalement en ligne pour faciliter l'accès aux discussions et aux contributions de la part des citoyens. Des outils de consultation et de participation numérique permettraient de recueillir un large éventail de points de vue et d'assurer une représentativité.

• **Repenser les Modes de Sélection des Dirigeants :** Les gouvernements de Sages devraient être constitués de personnes ayant démontré des compétences exceptionnelles, une éthique irréprochable, et un engagement profond envers le bien commun. Le processus de sélection devrait intégrer des critères rigoureux pour évaluer les réalisations, l'intégrité, et les contributions des candidats.

Identification et Sélection des Sages

•	**Méthodes d'Évaluation** : Les Sages pourraient être identifiés à l'aide de méthodes similaires à celles des chasseurs de tête, qui se basent sur l'évaluation des compétences, des réalisations, et des antécédents des individus. Les citoyens pourraient également être invités à proposer des candidats, créant ainsi un système participatif.

•	**Critères d'Éthique et de Compétence** : Les critères de sélection devraient inclure une évaluation rigoureuse des compétences en matière de gestion, de politique écologique et sociale, ainsi qu'une évaluation des antécédents éthiques et professionnels des candidats.

Prévention de la Corruption

•	**Mécanismes de Contrôle** : Des mécanismes rigoureux de contrôle et de transparence devraient être instaurés pour limiter les risques de corruption. Cela pourrait inclure des audits réguliers et des enquêtes indépendantes.

•	**Formation et Sensibilisation** : Les Sages et les membres des administrations devraient suivre des formations régulières sur l'éthique et la gestion anti-corruption. La culture de la transparence et de l'intégrité doit être cultivée au sein des institutions.

Renforcement des Organisations Existantes

- **Évaluation des Acteurs en Place** : Une analyse approfondie des organisations et des initiatives déjà présentes, qui travaillent sur des défis écologiques et sociaux avec des moyens limités, devrait être réalisée. Ces organisations ont souvent une expertise précieuse et une compréhension approfondie des enjeux locaux.

- **Allocation de Ressources** : Grâce au financement généré par la Rente collective, ces organisations pourraient voir leurs moyens considérablement renforcés, permettant une action plus efficace et étendue.

Création de Nouvelles Initiatives

- **Soutien à l'Innovation** : Le système de financement public, en soutien au financement privé, devrait encourager la création de nouvelles entreprises et initiatives qui visent à restaurer l'éco-socio-système et à relever les défis écologiques. Les nouvelles entreprises pourraient être soutenues par des fonds publics, des subventions, et des partenariats avec des organisations existantes.

- **Coordination et Collaboration** : Les nouvelles initiatives devraient être coordonnées au niveau national et international pour maximiser leur impact et éviter les duplications. Une approche collaborative pourrait inclure des partenariats entre le secteur public, le secteur privé, et la société civile.

Gouvernance Écologique et Sociale

- **Vision à Long Terme** : Les Sages devraient se concentrer sur la mise en place de politiques à long terme qui favorisent la durabilité écologique, l'équité sociale, et le bien-être commun. Les décisions devraient être guidées par des principes de justice sociale et environnementale.

Éducation et Sensibilisation

- **Inclusion des Citoyens** : Le système de gouvernance devrait également inclure des programmes d'éducation et de sensibilisation pour informer les citoyens sur les nouvelles politiques et les impliquer activement dans leur mise en œuvre.

En résumé, la formation de gouvernements de Sages et la mise en place d'un nouveau cadre constitutionnel représentent des étapes fondamentales pour instaurer un système économique et politique plus juste et durable. La réussite de cette transition dépendra de l'implication active des citoyens, de la transparence des processus, et de la capacité à mobiliser les ressources nécessaires pour relever les défis écologiques et sociaux.

Socialisation des Ressources Premieres

Pour socialiser les ressources premières en utilisant la création monétaire, voici une proposition structurée qui intègre les étapes et les mécanismes nécessaires pour mener à bien cette transition :

Nationalisation de la Banque Centrale

- **Révision du Cadre Juridique :** Modifier la législation en vigueur pour permettre à l'État de prendre le contrôle total de la banque centrale. Cette étape peut inclure des réformes constitutionnelles ou législatives pour clarifier le rôle de l'État dans la gestion de la banque centrale.

- **Gouvernance :** Assurer que la banque centrale est gouvernée de manière transparente et responsable, avec une supervision adéquate pour éviter les conflits d'intérêts et garantir la conformité aux objectifs de politique publique.

Création d'un Organisme de Gestion des Ressources Premières

- **Mise en Place :** Constituer un organisme chargé de la gestion des ressources premières, comprenant des experts en économie, en écologie, en droit, et en gestion des ressources naturelles.

- **Objectifs :** Cet organisme devra établir les modalités de gestion, d'évaluation, et de répartition des ressources premières, en veillant à leur préservation et à leur usage rationnel.

- **Évaluation des Ressources** : Faire un inventaire détaillé des ressources premières existantes pour évaluer leur quantité, leur qualité, et leur localisation.

- **Audits et Vérifications** : Mettre en place des audits réguliers pour garantir l'exactitude des données et la transparence des processus.

- **Principes d'Indemnisation** : Définir les principes d'indemnisation pour les actuels propriétaires de ressources premières, en veillant à ce que les compensations soient équitables et proportionnelles à la valeur des biens concernés.

- **Législation** : Créer une législation encadrant les modalités d'indemnisation, en incluant des mécanismes de résolution des conflits et des recours légaux pour les parties concernées.

- **Modalités d'Indemnisation** : Évaluer si l'indemnisation sera réalisée en numéraire, sous forme de titres, ou en nature, par exemple via des actions dans des entreprises publiques, des participations dans des projets, ou encore par la possibilité de continuer à utiliser gratuitement son habitation devenue propriété collective, pour une durée déterminée.

Acquisition des Ressources

• **Méthodes de Préemption :** Utiliser la création monétaire pour financer l'acquisition des ressources premières. L'État pourrait émettre de la monnaie pour acheter ces ressources, tout en s'assurant que cela ne conduise pas à une inflation incontrôlée. A noter que ce risque est limité par l'impossibilité de spéculer sur les ressources premières.

Intégration dans le Domaine Public

• **Transfert de Propriété :** Transférer la propriété des ressources premières à la collectivité, en les inscrivant au domaine public sous la gestion de l'organisme nouvellement créé.

• **Gestion Durable :** Assurer que les ressources sont gérées de manière durable, avec une attention particulière à leur conservation et à leur utilisation rationnelle.

Communication et Transparence

• **Informer le Public :** Communiquer de manière transparente avec le public sur les objectifs, les processus, et les résultats de la socialisation des ressources premières. Assurer que les citoyens comprennent les raisons et les bénéfices de cette réforme.

• **Retour d'Expérience et Ajustements :** Mettre en place des mécanismes pour recueillir les retours des citoyens et des parties prenantes, et ajuster les politiques en fonction des retours reçus.

- **Suivi Régulier :** Effectuer des suivis pour évaluer l'efficacité de la gestion des ressources premières et l'impact sur l'économie et l'environnement.

Publier des rapports réguliers sur la gestion des ressources et l'utilisation de la création monétaire pour assurer la responsabilité et la transparence. En adoptant cette approche structurée, l'État pourra procéder à une socialisation réussie des ressources premières tout en minimisant les perturbations économiques et en maximisant les bénéfices pour la collectivité.

GESTION DE LA MASSE MONETAIRE

Ce passage apporte une clarification supplémentaire sur un aspect essentiel : la gestion dynamique de la masse monétaire pour prévenir les déséquilibres économiques. Il s'agit ici d'un approfondissement des mécanismes évoqués précédemment, avec un accent sur :

1. **L'injection ciblée de monnaie là où elle est nécessaire**, pour stimuler les secteurs ou régions en déficit financier

2. **L'instauration de prélèvements ajustés**, permettant de corriger les excès monétaires et d'éviter l'inflation ou les déséquilibres structurels.

Ces précisions visent à illustrer concrètement comment la banque centrale pourrait jouer un rôle actif et équilibré dans le pilotage économique, en ajustant la masse monétaire en temps réel pour répondre aux besoins collectifs tout en garantissant une stabilité durable.

Prévenir les Déséquilibres Économiques par la Gestion de la Masse Monétaire

Pour stabiliser l'économie et prévenir les déséquilibres monétaires, il est proposé de réorganiser les flux financiers sous le contrôle de la banque centrale. Cette approche repose sur deux axes principaux : **l'injection ciblée de monnaie** et **des mécanismes de prélèvement ajustés** pour maintenir un équilibre optimal dans la masse monétaire.

1. Injection de Monnaie Là où elle est nécessaire

La banque centrale aurait pour mission d'émettre de la monnaie directement vers les secteurs ou les zones économiques qui en ont besoin, selon des critères définis pour maximiser l'intérêt collectif.

- **Cibles prioritaires :**
Les projets d'intérêt public (infrastructures, éducation, santé, transition écologique).
Les zones géographiques ou secteurs en sous-investissement chronique.

- **Investissements publics directs** : financement de projets par l'État.

- **Revenu de base ou aides ciblées** : versements directs aux ménages pour stimuler la demande.
Crédits à taux zéro : accordés aux entreprises engagées dans des initiatives durables.

2. Mécanismes de Prélèvements Ajustés

Pour éviter les excès d'inflation ou de concentration de richesse, des mécanismes de prélèvement monétaire seraient activés pour ajuster la masse monétaire en circulation.

- **Recapitalisation de la banque centrale :**

Les fonds prélevés seraient redistribués ou "stérilisés" par la banque centrale pour réguler la masse monétaire.

Équilibre Dynamique

L'objectif est de maintenir une masse monétaire qui corresponde aux besoins réels de l'économie :

- En période de ralentissement, augmenter les injections pour stimuler l'activité.
- En période de surchauffe, ajuster les prélèvements pour éviter l'inflation ciblée.

Bénéfices Attendus

- **Stabilité économique :** Réduction des cycles de surendettement et de crises financières.
- **Justice sociale :** Une répartition équitable des ressources monétaires.
- **Transition écologique :** Allocation de fonds vers des projets de restauration de l'environnement.

Cette approche permettrait de réconcilier création monétaire et bien-être collectif tout en assurant un fonctionnement économique équilibré et durable.

Reevaluer les Activites Nuisibles de l'Économie Actuelle

Limitations et Réformes

• **Banques commerciales :** Les services bancaires se limiteront aux opérations essentielles comme les dépôts, les prêts et la gestion des transactions quotidiennes. Les banques n'auront plus la capacité de créer de la monnaie ex nihilo ni d'engager des spéculations.

• **Marchés Financiers** : La bourse serait réformée pour se concentrer exclusivement sur le financement des nouvelles entreprises. Les pratiques spéculatives seraient limitées aux investissements dans des startups, qui, tout en comportant des risques élevés, offrent également des opportunités d'innovation.

Ces nouvelles entreprises seraient généralement cédées à la collectivité au décès de leur fondateur, ou plus tôt si celui-ci le souhaite. Leur valeur serait alors évaluée en fonction de leur utilité sociale. La collectivité, en tant qu'actionnaire principal, déléguerait ensuite la gestion à ceux qui y travaillent.

Remplacement de la Publicité par des Services d'Information

• **Transparence :** Remplacer la publicité commerciale par des services d'information sur Internet où les fournisseurs et les utilisateurs peuvent partager des informations de manière transparente et non intrusive.

• **Plateformes Neutres :** Développer des plateformes publiques ou à but non lucratif qui fournissent des informations sur les produits et services sans biais commercial. Ces plateformes permettraient une comparaison objective et une prise de décision éclairée.

Conception de Produits Durables

- **Durée de Vie Illimitée :** Promouvoir la conception de produits avec une durée de vie prolongée, voire illimitée, où la réparation et la mise à jour sont toujours possibles. Les produits seraient fabriqués pour être robustes, facilement démontables, et leurs composants remplaçables ou recyclables.

- **Illusion de Diversité :** On peut légitimement s'interroger sur la nécessité de disposer d'une multitude de choix parmi des centaines, voire des milliers, de téléphones, d'ordinateurs, de machines à laver ou d'automobiles. Cette surabondance résulte en grande partie du capitalisme, où chaque fabricant cherche à se différencier en multipliant les modèles, dans le but d'accroître sa part de marché et d'encourager un cycle de renouvellement incessant.

Coopération Universelle et Concurrence Sélective

• **Partage des Connaissances :** Promouvoir la coopération entre pays et entreprises pour partager les meilleures pratiques de conception, de production durable et de recyclage, afin d'optimiser l'utilisation des ressources globales.

• **Production Collaborative :** Encourager la collaboration entre entreprises pour la production de certains biens standards, ce qui permettrait de réduire la redondance et d'optimiser les chaînes d'approvisionnement.

Concurrence dans les Domaines Bénéfiques

• **Innovation :** Limiter la concurrence aux domaines où elle apporte un réel bénéfice, notamment dans le développement de nouvelles technologies, l'amélioration de l'efficacité énergétique, et la création de produits respectueux de l'environnement.

• **Marchés Régulés :** Établir des régulations pour orienter la concurrence vers des objectifs collectivement bénéfiques, tels que la durabilité, la réparabilité, et la réduction de l'empreinte écologique.

• **Incitations Positives :** A travers un système de primes et de publicité les entreprises seraient incitées à innover dans le sens du bien commun, par exemple en créant des produits qui améliorent la vie des gens tout en minimisant l'impact environnemental.

• **Conscience Écologique :** Sensibiliser les consommateurs à l'importance de choisir des produits durables, réparables et non redondants, en les éduquant sur les impacts environnementaux et sociaux de leurs choix.

- **Soutien aux Alternatives :** Promouvoir des initiatives locales et globales qui offrent des alternatives aux modèles actuels de consommation, comme l'économie circulaire et le partage de ressources.

Standardisation des produits

Critères de Conception :

- **Coût Écologique :** Lors de la conception, il serait impératif de tenir compte du coût écologique de chaque produit. Cela inclurait l'empreinte carbone liée à la production, l'utilisation des matériaux, la consommation d'énergie pendant l'utilisation du produit, et les impacts environnementaux en fin de vie.

- **Recyclabilité et Durabilité :** Chaque produit devrait être conçu pour être entièrement recyclable, avec une durée de vie prolongée et la possibilité d'être réparé facilement. Cette approche réduirait les déchets et encouragerait une économie circulaire.

- **Facilité d'Entretien et Qualité du Service :** Les produits devraient être conçus de manière à être facilement entretenus, avec des pièces détachées disponibles et abordables. Un service client de qualité serait essentiel pour prolonger la durée de vie des produits.

- **Priorités Claires :** Plutôt que de concevoir des produits dans le seul but de maximiser les profits, les entreprises devraient aligner leurs objectifs sur des priorités sociétales, telles que la durabilité, l'efficacité énergétique, et le bien-être des utilisateurs. Un système de récompenses substantielles pourrait être envisagé pour encourager l'atteinte de ces objectifs.

- **Modèle Capitaliste Transformé** : Ce changement radical par rapport au capitalisme traditionnel mettrait l'accent sur la responsabilité sociale et environnementale, tout en réduisant la pression exercée par la concurrence pour produire des produits à faible coût et de moindre qualité.

Phase de Conception et Coopétition

- **Stimuler l'Innovation** : La phase de conception permettrait aux entreprises de rivaliser en termes d'innovation, en cherchant à développer des produits qui répondent le mieux aux critères établis. La coopétition, ou coopération entre concurrents, pourrait aussi encourager le partage des meilleures pratiques et technologies.

- **Sélection du Meilleur Projet** : Une fois la phase de conception terminée, un panel indépendant (composé d'experts, de représentants des consommateurs, et de régulateurs) évaluerait les différentes propositions. Le projet qui répondrait le mieux aux besoins des utilisateurs et aux exigences environnementales serait sélectionné pour la production.

Régulation de la Production

- **Standardisation** : Après la sélection du projet optimal, la production serait standardisée pour éviter la multiplication inutile de modèles similaires. Cette approche permettrait de concentrer les ressources sur la production de produits de haute qualité et respectueux de l'environnement.

- **Économie d'Échelle** : La standardisation des produits offrirait des avantages économiques, en réduisant les coûts de production et de recyclage, et en permettant une distribution plus efficace. Cela pourrait également réduire le coût pour les consommateurs.

Impacts Positifs de la Standardisation

Réduction des Déchets et de l'Obsolescence Programmée

- **Moins de Redondance :** En réduisant le nombre de modèles similaires sur le marché, la standardisation diminuerait la redondance et contribuerait à lutter contre l'obsolescence programmée.

- **Économie Circulaire :** Les produits standardisés, conçus pour être durables et réparables, favoriseraient une économie circulaire, où les matériaux sont réutilisés et les produits réparés plutôt que jetés.

Amélioration de la Qualité de Vie

- **Produits de Meilleure Qualité :** Les consommateurs auraient accès à des produits de meilleure qualité, plus fiables et plus faciles à entretenir, ce qui améliorerait leur qualité de vie tout en réduisant les coûts à long terme.

- **Impact Environnemental Réduit :** En réduisant la production de modèles superflus et en mettant l'accent sur la durabilité, l'impact environnemental global de la production industrielle serait considérablement réduit.

La standardisation des produits après une phase de coopétition alignée sur des critères écologiques et sociaux représente une rupture avec les pratiques actuelles du capitalisme de marché.

Ce modèle privilégie la qualité, la durabilité et la responsabilité environnementale, tout en maintenant un espace pour l'innovation. Cette approche pourrait non seulement réduire les déchets et l'impact écologique, mais aussi améliorer la qualité des produits disponibles sur le marché, au bénéfice de l'ensemble de la société.

Reconsiderer les Transports et la Vitesse

Besoin de Transports Individuels

• Les véhicules individuels, en particulier les voitures, sont souvent perçus comme indispensables pour leur flexibilité. Cependant, leur impact environnemental est considérable, surtout en termes de consommation d'énergie et d'émissions de gaz à effet de serre.

• Une alternative écologique pourrait consister en des **petites automobiles éco-conçues**, potentiellement assistées par des systèmes de traction animale dans certains contextes ruraux ou urbains spécifiques. Ces véhicules seraient légers, et consommeraient peu d'énergie.

Intégration avec les Transports en Commun

• Ces petits véhicules seraient conçus pour fonctionner en synergie avec les transports en commun. Par exemple, ils pourraient circuler sur des routes spécialement conçues pour optimiser l'accès aux réseaux ferroviaires, maritimes, et fluviaux.

• **Gestion Intelligente du Trafic :** Pour améliorer l'efficacité du système, les trajets de chaque véhicule pourraient être diffusés en temps réel via une plateforme numérique, permettant à d'autres utilisateurs de rejoindre ces trajets en cours de route. Cela diminuerait la nécessité de posséder un véhicule personnel tout en offrant une flexibilité comparable.

Bannir les Transports Utilisant des Énergies Fossiles

•	**Réduction Drastique de la Pollution :** L'interdiction des transports terrestres, aériens et maritimes utilisant des énergies fossiles réduirait considérablement les émissions de gaz à effet de serre, les particules fines, et la pollution sonore.

•	**Transition Vers les Énergies Renouvelables :** Les moyens de transport alternatifs, fonctionnant à l'électricité verte, à l'hydrogène, ou encore aux biocarburants, seraient développés pour remplacer les véhicules à essence ou diesel.

Développer les Transports Maritimes à Voile

•	**Progrès Technologiques :** Les avancées dans les technologies de la navigation à voile, couplées aux prévisions météorologiques précises, pourraient revitaliser les transports maritimes à voile. Ces moyens de transport, bien que plus lents que les cargos traditionnels, consommeraient peu ou pas d'énergie fossile et seraient idéaux pour certaines routes commerciales.

•	**Innovation dans les Conceptions de Navires :** Des navires hybrides, combinant voile et énergies renouvelables, pourraient être développés pour optimiser les trajets en fonction des conditions météorologiques, tout en minimisant l'empreinte écologique.

Réhabilitation des Animaux et Réflexion sur la Vitesse

- **Respect et Utilisation des Animaux :** Réintroduire l'usage des animaux de traction, comme les chevaux ou les mules, pourrait être bénéfique dans certains contextes ruraux ou historiques. Cette pratique, loin d'être archaïque, pourrait être adaptée avec des méthodes modernes pour garantir le bien-être animal tout en offrant une alternative écologique pour certaines tâches.

- **Repenser la Vitesse :** Plutôt que de privilégier la vitesse maximale, il serait pertinent de repenser notre rapport au temps. Le « gain de temps » offert par des transports rapides doit être reconsidéré en fonction de son coût écologique et de sa réelle nécessité. L'idée serait de promouvoir une utilisation plus consciente et bénéfique du temps, valorisant la qualité de vie et la réduction du stress plutôt que la rapidité à tout prix.

La révision des transports et de la vitesse proposée ici se base sur une réduction de l'empreinte écologique, un retour à des méthodes plus durables, et une réflexion sur la réelle nécessité de la rapidité dans nos déplacements. En privilégiant des moyens de transport écologiques et en repensant notre rapport au temps, nous pouvons réduire considérablement notre impact environnemental tout en améliorant notre qualité de vie. La mise en place de ces propositions nécessitera une vision globale et une collaboration entre les différents acteurs, mais elle pourrait conduire à une société plus durable et plus équitable.

L'Habitat

Réhabiliter les Habitations selon de Nouvelles Normes Écologiques

La réhabilitation des habitations en accord avec des normes écologiques plus strictes est une étape cruciale pour réduire l'empreinte carbone des bâtiments et améliorer la qualité de vie des habitants. Ce processus implique non seulement la rénovation des infrastructures existantes, mais aussi la mise en place de nouvelles normes pour la construction future. Voici un aperçu des mesures à envisager :

Isolation et Efficacité Énergétique

- **Amélioration de l'isolation** des bâtiments existants pour réduire la consommation d'énergie nécessaire au chauffage et à la climatisation. Cela inclut l'installation de matériaux isolants écologiques sur les murs, les toits et les sols, ainsi que le remplacement des fenêtres par des modèles à double ou triple vitrage.

- **Équipements à haute efficacité énergétique**, tels que des systèmes de chauffage, de ventilation et de climatisation (CVC) qui utilisent des énergies renouvelables, doivent être installés. Les panneaux solaires, les pompes à chaleur géothermiques, et les systèmes de récupération de chaleur peuvent considérablement réduire les besoins en énergie non renouvelable.

- **Intégration de systèmes de gestion énergétique intelligents** permettant de réguler la consommation en fonction des besoins réels, avec des technologies comme les thermostats intelligents et les capteurs de présence.

Gestion de l'Eau et des Déchets

- **Systèmes de récupération des eaux de pluie** pour des usages domestiques tels que l'arrosage des jardins, le lavage, les toilettes, réduisant ainsi la consommation d'eau potable.

- **Mise en place de toilettes sèches** ou de systèmes de traitement des eaux usées écologiques, comme les filtres plantés, qui réduisent l'impact environnemental et peuvent fertiliser les sols.

- **Encourager les pratiques zéro déchet** dans les habitations, avec des systèmes de compostage des déchets organiques et des points de collecte pour le recyclage des matériaux.

Nouveaux Normes pour la Construction Future

- **Encourager l'utilisation de matériaux de construction écologiques et renouvelables,** tels que le bois, le chanvre, la paille, la terre crue, ou encore les briques de terre compressée. Ces matériaux sont non seulement respectueux de l'environnement, mais aussi plus sains pour les occupants.

- **Promouvoir le réemploi et le recyclage** des matériaux issus de la démolition ou de la rénovation des bâtiments. Par exemple, réutiliser les briques, les tuiles, et le bois pour de nouvelles constructions.

Adaptation au Climat Local

- **Les habitations devraient être conçues ou réhabilitées** en suivant les principes de la conception bioclimatique, qui tient compte du climat local pour maximiser l'efficacité énergétique. Cela comprend l'orientation des bâtiments pour optimiser l'apport solaire en hiver et minimiser la chaleur en été.

- **Végétaliser les toits et les façades** pour améliorer l'isolation, réduire les effets d'îlots de chaleur en milieu urbain, et favoriser la biodiversité.

- **Intégration de systèmes de ventilation naturelle** pour réduire la dépendance aux systèmes mécaniques et améliorer la qualité de l'air intérieur.

Production d'Énergie et Autonomie :

- **Installation de panneaux solaires photovoltaïques et thermiques** pour produire de l'électricité et de l'eau chaude, réduisant ainsi la dépendance aux réseaux énergétiques traditionnels.

- **Développer des habitations autonomes sur le plan énergétique,** avec des systèmes de stockage d'énergie comme les batteries ou des technologies innovantes telles que l'hydrogène, permettant de garantir l'approvisionnement en énergie même en cas de coupure du réseau. Réglementations strictes pour les nouvelles constructions, obligeant l'utilisation de matériaux durables, l'intégration des énergies renouvelables, et l'application des principes de la conception bioclimatique.

- **La réhabilitation des habitations** selon de nouvelles normes écologiques est une étape essentielle pour bâtir une société durable. En combinant des techniques traditionnelles avec des innovations modernes, il est possible de réduire drastiquement l'empreinte écologique des bâtiments tout en améliorant la qualité de vie des habitants. Cette transition nécessitera des politiques ambitieuses, un engagement fort des citoyens, et des investissements importants, mais les bénéfices pour l'environnement et la société seraient considérables.

- **Restaurer les espaces naturels** à un état comparable à celui d'avant l'ère industrielle.

Il est crucial de créer massivement de nouvelles activités répondant aux besoins humains, sociaux et écologiques, financées par la banque centrale et la Rente collective. Cela pourrait inclure une industrie du recyclage, la production d'énergies renouvelables, les infrastructures nécessaires aux nouveaux modes de transport, ainsi que la revitalisation d'un secteur agricole naturel dévasté par 70 années de "progrès".

• **L'aménagement des territoires** doit être repensé pour optimiser leur utilisation, en tenant compte des nouvelles évolutions de modes de vie qui se développeront. Un secteur économique majeur serait consacré à la reconstruction et à l'équipement des pays dévastés, favorisant ainsi le développement d'économies locales autonomes dotées d'infrastructures modernes

• **Les services publics,** tels que l'éducation, la santé, les transports, ainsi que la sécurité sociale et économique (assurances), seraient offerts gratuitement, financés par la Rente collective.

• **Une approche pertinente** consisterait à réévaluer les contributions du "progrès" depuis le 19e siècle, en distinguant ce qui a réellement amélioré notre société de ce qui a pu nuire à son développement.

SECURITE ÉCONOMIQUE ET SOCIALE D'ÉTAT

- **Universalité :** Mettre en place une Sécurité économique et sociale d'État qui engloberait tous les secteurs. Ce système assurerait une couverture complète pour tous les citoyens, diluant ainsi les risques à travers une population large et diversifiée.

- **Gestion Publique :** A l'exemple de notre sécurité sociale, les assurances seraient gérées par l'État ou par des entités publiques désignées, éliminant ainsi les profits privés des compagnies d'assurance. Les fonds collectés seraient utilisés pour garantir une couverture complète et équitable pour tous.

Optimisation des Services

- **Collectivité :** Assurer une couverture qui dépasse les risques individuels, en se concentrant sur des stratégies de prévention et de soutien à long terme.

- **Réévaluation des Risques :** Les risques seraient évalués de manière globale, avec un accent sur la réduction des risques par des politiques publiques et des programmes de soutien.

L'Homme Dans Ce Nouveau Paradigme

L'adaptation de chaque individu à la société dépend largement de la manière dont son individualité est façonnée durant l'enfance, sous l'influence de nombreux facteurs. L'école joue un rôle central dans cette formation, en préparant les jeunes à leur future place dans la société.

Dans le cadre du capitalisme actuel, les individus sont conditionnés à la compétition, apprenant qu'il y aura des gagnants et des perdants, des dominants et des dominés. Certains acceptent ces règles du jeu, tandis que d'autres tentent de s'en distancer.

Dans le paradigme que nous proposons, l'école aurait pour mission de cultiver l'esprit de coopération, la conscience écologique, et la valorisation des ressources naturelles en raison de leur rareté. Elle encouragerait également la responsabilité dans la gestion des déchets et la réduction de la pollution, tout en favorisant la réflexion indépendante. Les changements s'opéreraient naturellement, guidés par les principes intégrés dans ce système éducatif renouvelé.

Le Nouveau Role Des « Grands » Medias

Affranchis du contrôle des propriétaires et des financeurs privés, les grands médias seraient désormais au service du nouveau système.

Leur mission principale serait d'assurer une **éducation populaire**, en fournissant une information objective et accessible à tous.

Ces établissements joueraient un rôle clé dans la diffusion des valeurs du nouveau paradigme, favorisant ainsi une société éclairée et engagée dans la préservation des ressources et le bien-être collectif.

L'éducation populaire vise essentiellement l'amélioration du système social et l'épanouissement individuel et collectif, en dehors des structures traditionnelles (famille) et institutionnelles (enseignement).

C'est au siècle des Lumières, au XVIIIe siècle, que l'idée d'une éducation pour tous apparaît comme une nécessité pour contrer l'obscurantisme et la mainmise de l'Eglise catholique sur la société. Pendant la Révolution française, Condorcet défend cette idée dans un Rapport sur l'instruction publique remis en avril 1792 à l'Assemblée législative.

"Tant qu'il y aura des hommes qui n'obéiront pas à leur raison seule, qui recevront leurs opinions d'une opinion étrangère, en vain toutes les chaînes auraient été brisées, en vain des opinions de commandes seraient d'utiles vérités. Le genre humain n'en resterait pas moins partagé entre deux classes : celle des hommes qui raisonnent, et celle des hommes qui croient. Celle des maîtres et celle des esclaves." [10]

---

[10] - http://www.toupie.org/Dictionnaire/Education_populaire.htm

Conclusion

Il est manifeste que cette proposition s'oppose radicalement à la pensée dominante actuelle. Cependant, un changement profond de paradigme économique est impératif pour surmonter la crise de civilisation que nous traversons. Il est donc crucial d'initier une révolution, légitimée par la constatation que les Droits de l'Homme ont été compromis au profit d'une minorité. Les raisons de cette nécessité sont les suivantes :

- **Abandon de la souveraineté monétaire** : L'État a perdu un élément essentiel de la démocratie en renonçant à son contrôle sur la monnaie, ce qui a conduit à un endettement massif et incontrôlé.

- **Évasion fiscale** : La mise en place de mécanismes permettant l'évasion fiscale a sapé les bases de la justice sociale et de l'équité économique.

- **Privatisation des infrastructures** : La privatisation des infrastructures et des entreprises publiques a été effectuée au détriment des intérêts collectifs du peuple, favorisant des intérêts privés.

- **Démantèlement des services publics** : L'abandon de services publics et des territoires a creusé les inégalités et affaibli le tissu social.

- **Perte de la souveraineté industrielle** : Le transfert d'outils industriels essentiels à la souveraineté nationale a affaibli la capacité du pays à se maintenir et se développer indépendamment.

- **Compétition déloyale des travailleurs** : La mise en concurrence des travailleurs nationaux avec ceux du monde entier, sans protection contre le dumping social, entraîne chômage et précarité.

Ce diagnostic souligne la nécessité d'une transformation radicale pour restaurer l'équilibre et la justice au sein de notre système économique et social.

La Déclaration des Droits de l'Homme et du Citoyen de 1789, qui figure en préambule de la Constitution de 1958 en tant que Loi suprême, stipule dans son article 16 :

« Toute Société dans laquelle la garantie des Droits n'est pas assurée, ni la séparation des Pouvoirs déterminée, n'a point de Constitution. »

Cet article souligne que pour qu'une société puisse revendiquer une Constitution légitime, il est impératif que les droits fondamentaux soient protégés et que la séparation des pouvoirs soit clairement établie.

En d'autres termes, une véritable Constitution ne peut exister que dans un cadre où les droits des citoyens sont effectivement garantis et où les pouvoirs exécutif, législatif et judiciaire sont distincts et équilibrés.

Dans l'article 12 est précisé :

« La garantie des droits de l'Homme et du Citoyen nécessite une force publique : cette force est donc instituée pour l'avantage de tous, et non pour l'utilité particulière de ceux auxquels elle est confiée. »

Il serait par conséquent légitime que la force publique transfère le pouvoir au peuple, lequel, sous l'égide d'un gouvernement de transition, s'attellerait à la rédaction d'une nouvelle Constitution.

Mais force est de constater que la force publique dépend actuellement du financement de ceux qui détiennent le pouvoir...

EN RESUME

Le système économique idéal repose sur quatre principes fondamentaux :

1.   **Propriété commune des ressources premières** : La Terre et ses ressources essentielles doivent être considérées comme des biens communs, appartenant à la collectivité de manière inaliénable. Il incombe à cette dernière de les préserver pour les générations futures.

2.   **Droits d'usage accessibles à tous** : Chaque individu peut acquérir des droits d'usage sur ces biens communs, tandis que la collectivité en assure une gestion durable et équitable.

3.   **Rôle de la banque centrale et de la rente** : La banque centrale, ainsi que les revenus générés par les droits d'usage, permettent à la collectivité de financer la protection et l'entretien de l'éco-socio-système.

4.   **Liberté d'entreprendre pour le bien commun** : Chacun est libre d'entreprendre dans le but de répondre aux besoins de la collectivité, contribuant ainsi au financement de ses droits d'usage et à d'autres besoins essentiels.

Il est révélateur de constater que substituer le terme "collectivité" par "propriétaires privés" renvoie directement au système actuel, où l'accumulation de richesses personnelles prédomine. Dans notre proposition, les objectifs de la collectivité sont explicitement orientés vers l'intérêt général, en opposition directe avec cette logique de profit privé.

Rétablir l'ordre naturel des choses est impératif, ce qui nécessite une mobilisation et une administration d'urgence similaires à celles observées en temps de guerre. La gestion collective des ressources, à toutes les échelles pertinentes (locales, nationales, mondiales), est une condition nécessaire, bien que non suffisante, pour assurer notre survie.

Cette formulation met en lumière l'opposition entre l'accumulation de richesses privées et une gestion collective tournée vers l'intérêt général, tout en soulignant l'urgence d'une action coordonnée à grande échelle pour relever les défis actuels.

Les SCOP

Le « système d'Après » dont il est question ici trouve déjà pour partie une incarnation à petite échelle dans l'outil productif, sous la forme des SCOP (Sociétés coopératives et participatives). Ces entreprises, basées sur la démocratie économique, permettent aux salariés de détenir une partie ou la totalité du capital social et de participer activement à la gestion et aux décisions stratégiques de l'entreprise. Chaque salarié y dispose d'une voix égale dans les décisions importantes, indépendamment de sa part de capital.

Les SCOP illustrent un modèle où les objectifs ne se limitent pas à la maximisation du profit, mais visent à répondre aux besoins de la société dans son ensemble. Dans le contexte du « système d'Après », ces objectifs s'élargiraient pour inclure la restauration des écosystèmes à une échelle planétaire, reconnaissant que tous les écosystèmes sont interdépendants.

Ainsi, les SCOP représentent un pas vers un modèle économique plus juste et durable, où la gestion collective et la participation active des travailleurs préfigurent les principes d'un futur système centré sur l'intérêt général et la préservation de notre planète.

Ci-après des extraits de la page *Wikipédia* concernant la plus grande des SCOP actuelles, la « Corporation Mondragon » :

« Corporation Mondragon est un groupe basque de 289 entreprises et entités en 2012 (dont environ la moitié sont elles aussi des coopératives), structurées en quatre groupes sectoriels : la finance, l'industrie, la distribution, et la connaissance avec des aires de recherche et de formation. C'est le plus grand groupe coopératif du monde. »

« Le groupe rassemble 110 coopératives et emploie 80 321 personnes, dont 82 % en Espagne. Le pôle recherche et innovation rassemble quinze

centres technologiques et 2 096 chercheurs, dans lesquels le groupe — qui possède 564 brevets — a investi 160 millions d'euros en 2012. »

« Elle se donne les objectifs d'une entreprise compétitive sur les marchés internationaux, par l'utilisation de méthodes démocratiques d'organisation de la société, la création d'emploi, la promotion humaine et professionnelle de ses travailleurs et l'engagement de développement de son environnement social. »[11]

Il est important de souligner que la notion de « compétitivité » dans le contexte des SCOP est relative au monde capitaliste avec lequel ces coopératives doivent se confronter.

Bien que les SCOP opèrent dans un cadre économique concurrentiel, leur approche diffère fondamentalement, notamment en ce qui concerne la finalité du profit. En effet, bien que la notion de « profit » soit présente par nécessité, elle ne figure pas parmi les objectifs principaux des SCOP.

Leur priorité est plutôt axée sur la satisfaction des besoins collectifs et le bien-être des salariés, en alignement avec des valeurs de solidarité et de durabilité.

---

[11] - *https://fr.wikipedia.org/wiki/Corporation_Mondragon*

RESUME SOUS UNE FORME IMAGEE DU PROPOS DE CE LIVRE

Mutation du capitalisme en occident

À son origine, son objet était de satisfaire les besoins des propriétaires du capital (des ressources) et, par « ruissellement », ceux des travailleurs indispensables aux propriétaires.

Mais, progressivement, les machines remplaçant avantageusement les travailleurs, ceux-ci sont devenus des charges inutiles et encombrantes pour les propriétaires.

C'est alors que l'on entreprit au début des années 1970 la mutation du capitalisme qui, d'un moyen de satisfaire les besoins de tous (du moins en principe), devint un moyen d'exclure progressivement les masses de l'accès aux ressources, de sorte à les réserver aux seuls propriétaires.

Nous avons illustré cette période de l'histoire, ainsi que le système que nous proposons pour l'avenir, ci-après.

Système capitaliste en phase de développement
(Jusque dans les années 1970)

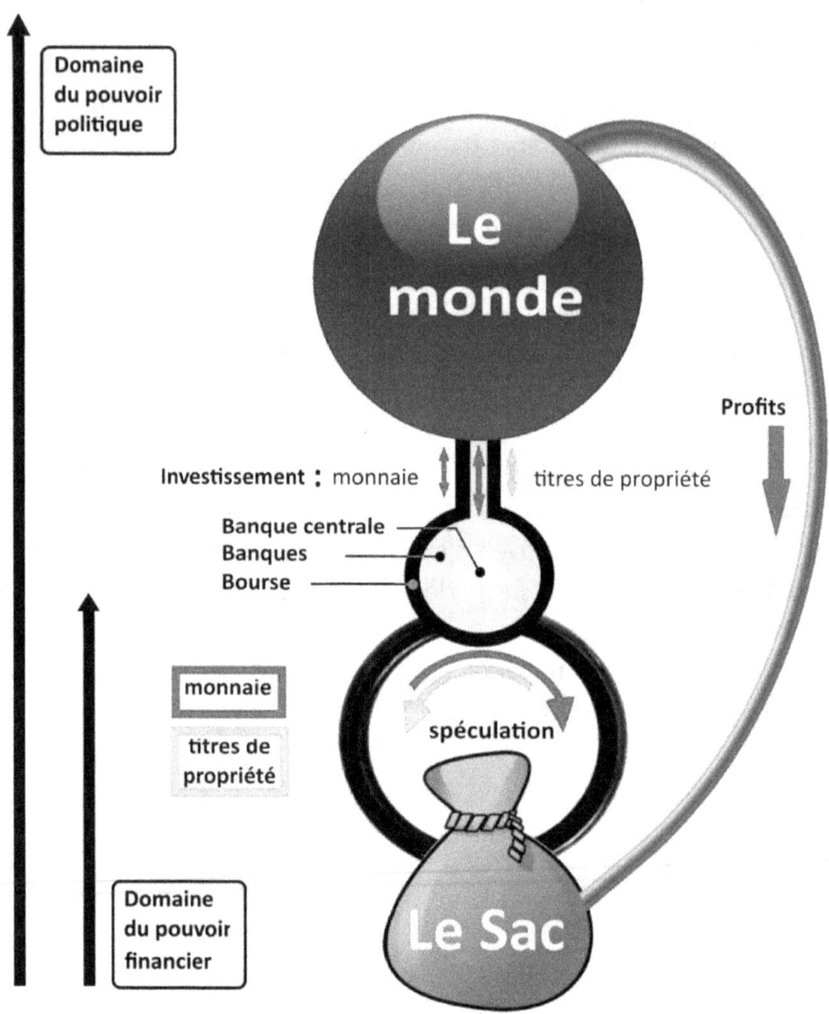

En haut, se trouve "Le Monde", l'environnement dans lequel nous vivons et évoluons.

Au centre, s'articule la "pompe à monnaie", composée de plusieurs éléments clés :

- **La banque centrale,** qui supervise l'ensemble du système bancaire et génère une partie de la monnaie.
- **Les banques commerciales,** responsables de la création de l'essentiel de la monnaie à travers l'octroi de crédits.
- **La Bourse,** où sont échangés les titres de propriété. Ces titres et la monnaie qui les accompagne circulent dans un système clos, relié à ce que l'on peut appeler "le sac", représentant ainsi la spéculation.

Le "Sac" symbolise l'épargne privée, constitué par les dépôts et les titres de propriété détenus par chaque spéculateur.

L'objectif pour chaque spéculateur est de maximiser le profit généré par leurs investissements, qu'ils soient productifs ou purement spéculatifs. Le profit est la part des gains qui retourne aux spéculateurs une fois leurs opérations réalisées.

L'investissement en actions nouvelles et les crédits bancaires servent à financer l'économie réelle, c'est-à-dire les entreprises, les infrastructures, et autres projets concrets.

La quantité de monnaie en circulation fluctue en fonction de l'émission de nouveaux crédits bancaires et de leur remboursement. L'activité économique, qu'il s'agisse de production ou de spéculation, est intrinsèquement liée à cette dynamique monétaire.

Système capitaliste en phase terminale
(Depuis les années 1970)

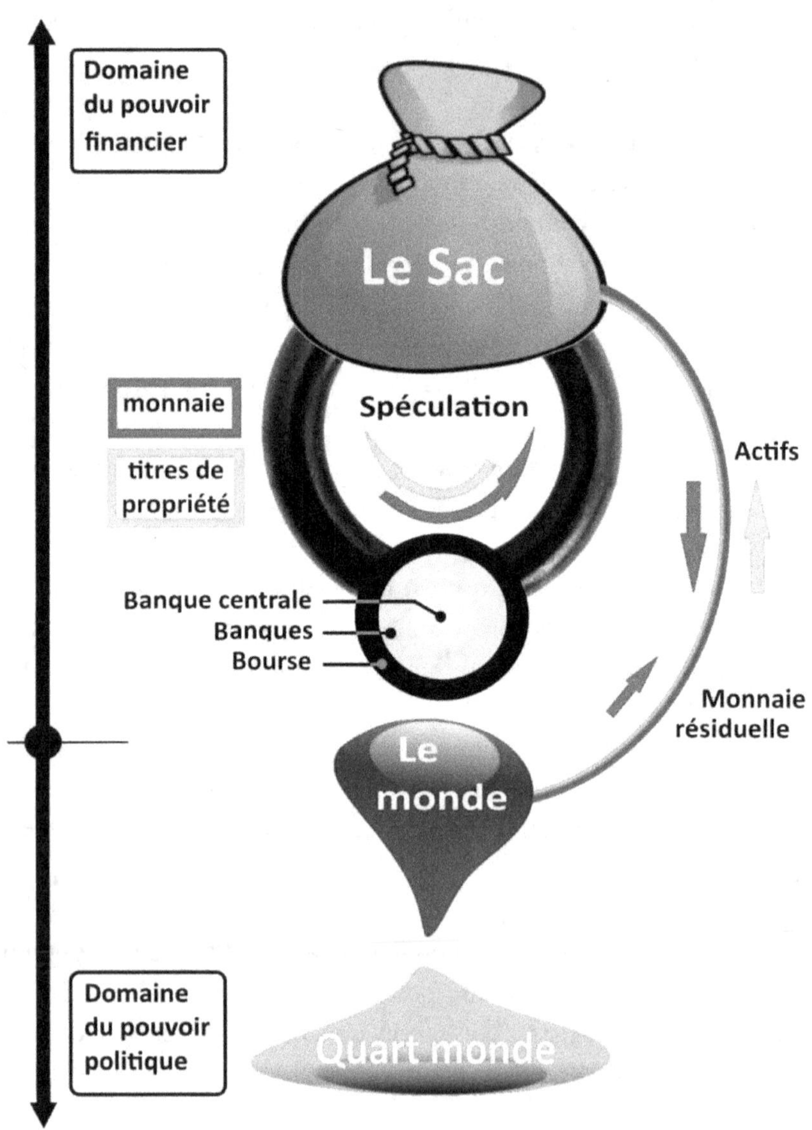

L'accumulation est une fin en soi.

Le "Sac" est désormais placé au sommet du système, remplaçant "Le Monde".

Dans ce contexte, l'investissement dans l'économie réelle, à l'exception de ce qui est nécessaire pour satisfaire les besoins des puissants, tend à disparaître.

En conséquence, l'activité productive diminue, tandis que l'investissement en spéculation augmente.

Les puissants, ayant la capacité d'émettre leur propre monnaie, s'approprient les infrastructures et autres actifs. Ils récupèrent ensuite cette monnaie via les profits générés par leurs entreprises.

Ainsi, les peuples, progressivement dépossédés, tombent dans un état de précarité extrême, souvent désigné comme le "Quart Monde".

La spéculation conduit à une concentration accrue des richesses entre les mains des acteurs les plus puissants, devenus les véritables "maîtres du monde".

Système que nous proposons

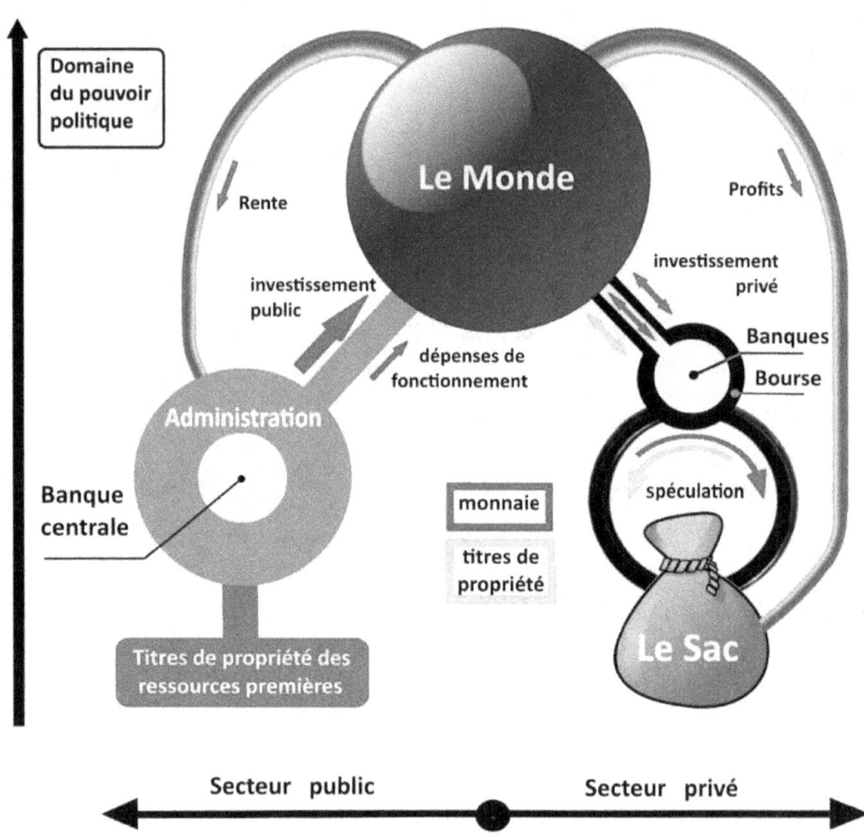

Le système se divise en deux parties distinctes : le secteur public et le secteur privé.

Secteur Public : Le secteur public détiendrait la propriété lucrative des ressources premières, qui incluent pour rappel :

- La biosphère en général, le sol, et le sous-sol,
- Les réseaux de communication : matériels, énergétiques et informationnels,
- Les services essentiels tels que la Santé et l'Éducation,
- Les immeubles,
- Les grandes entreprises,
- Les médias qui façonnent l'opinion publique,
- Le Savoir,
- Les informations stratégiques,
- La monnaie.

L'administration[12], sous le contrôle des citoyens, serait responsable de la gestion responsable de ces ressources. La banque centrale financerait les investissements nécessaires, tels que la construction de nouvelles infrastructures et l'acquisition d'équipements.

Il est important de noter que le rôle central de l'administration ne signifie pas nécessairement une centralisation excessive.

Secteur Privé : Dans le système proposé, le secteur privé disposerait de droits d'usage sur les ressources premières. La rente issue de la vente de ces droits d'usage contribuerait, en complément des financements de la banque centrale, à financer les dépenses liées au fonctionnement et à l'entretien des ressources collectives. Ce modèle vise à garantir une gestion

---

[12] - L'administration serait répartie à tous niveaux du communal au national.

responsable et équitable des ressources, tout en intégrant le secteur privé dans une logique de contribution au bien commun.

À la mise en place de ce système, la banque centrale émettrait de la monnaie pour indemniser en partie les anciens propriétaires des ressources qui sont désormais socialisées. Cette monnaie serait versée dans le *Sac*, qui symbolise l'épargne privée.

Le *Sac* recevrait non seulement cette monnaie initiale, mais aussi les profits et salaires des entreprises privées travaillant pour le secteur public, et autres recettes privées.

Avec une structure du circuit financier contrôlée par la collectivité, et non plus par des organismes indépendants, les revenus du secteur privé découleraient essentiellement des services fournis au secteur public. De plus, au sein du secteur privé, les profits de certains seraient issus des dépenses d'autres acteurs.

Les besoins sociaux et écologiques étant immenses, le plein emploi deviendrait une réalité tangible et précieuse.

ÉPILOGUE

Nous vivons aujourd'hui la fin d'une époque historique qui a commencé à l'aube de notre civilisation et s'est poursuivie après les révolutions du XVIIIe siècle. La logique de cette ère est claire : les plus riches exercent un pouvoir prépondérant, tandis que la « démocratie » apparaît comme un leurre.

Avec l'abolition de la monarchie, les intérêts des plus riches ont conduit au développement et à l'industrialisation du monde qu'ils contrôlaient, dans le but d'améliorer leurs propres conditions de vie. La main-d'œuvre disponible a été employée massivement. Le salariat, succédant à l'esclavage, a entraîné une amélioration générale des conditions de vie des travailleurs, culminant avec les « Trente Glorieuses ».

Les événements de Mai 68 ont montré que les peuples possédaient désormais les moyens de revendiquer un véritable contrôle. Toutefois, cet élan fut freiné par un manque de réflexion politique et économique.

La financiarisation du capitalisme a permis aux puissants de renforcer leur contrôle. L'objectif du capitalisme est alors devenu la maximisation des profits non plus issus de la production de biens réels, mais de la spéculation financière. Les banques centrales ont acquis des pouvoirs étendus, et les marchés ont été largement ouverts. La concurrence mondiale et l'automatisation ont conduit à un chômage massif et à une précarité accrue.

Aujourd'hui, nous sommes confrontés à un autre danger : les perturbations écologiques et la raréfaction des ressources naturelles. Les plus riches se trouvent maintenant face aux désastres environnementaux.

La diminution de la population mondiale pourrait permettre de réduire l'empreinte écologique et contrôler les ressources restantes.

Les stratégies pour atteindre cet objectif sombre pourraient inclure l'étranglement économique, la destruction des moyens de subsistance, l'instillation du désespoir, le déclenchement d'une pandémie mondiale, ainsi que des conflits meurtriers.

Face à ces enjeux colossaux, il est impératif de repenser en profondeur notre système économique et politique, et de promouvoir des solutions qui garantissent une justice sociale et écologique véritable.

Voici un texte écrit au début des années 1990, qui mettait en évidence les aberrations de notre système économique.

L'exclusion conduit au déclin et à la mort.

Et pourtant, singulièrement, on ne peut dénoncer

le système économique qui en est à l'origine.

L'accroissement constant de la productivité dans un marché limité à la population solvable de la planète est à l'origine de la crise économique.

L'efficacité croissante, l'automatisation et l'utilisation de main-d'œuvre au plus faible coût, entraînent la disparition des entreprises les moins financièrement performantes.

Le marché solvable non seulement limité, se contracte : la réduction de la masse salariale entraîne une réduction du marché solvable, ce qui conduit à une réduction de la consommation d'où nouvelles faillites. Il s'agit là d'un cercle vicieux.

Aussi, à terme une seule entreprise suffirait à satisfaire les besoins de la minorité disposant encore de ressources. Déjà elles se regroupent par secteur d'activité (automobile, électronique...) à l'échelle mondiale.

Les actifs d'aujourd'hui, indépendamment de leurs compétences, seront exclus du système économique : nul besoin en effet de disposer d'un grand nombre de représentants d'une même discipline.

Si le système économique mondial n'est pas remis en cause, nous en serons pratiquement tous exclus.

Il est et sera seulement possible de freiner cette évolution.

Conjointement à la disparition d'entreprises, l'argent tend à ne plus circuler qu'autour des rentiers, puisque les revenus du travail s'amenuisent :

Si les revenus du capital sont supérieurs à ce qu'il est nécessaire de dépenser pour vivre, l'argent s'accumule de lui-même, et d'autant plus vite que la rente est élevée et les prix bas.

Cette accumulation prendra fin avec l'insolvabilité des débiteurs. A terme les détenteurs de capitaux posséderont tout. Pour les autres l'argent aura disparu. Pratiquement ils n'auront plus aucun droit, et la violence sera leur seul moyen de ne pas tomber dans l'oubli.

Un exemple permet d'illustrer ce raisonnement : Soit une population active de 100 personnes.

- Dans un premier temps le travail des 100 ne permet pas de satisfaire l'ensemble des besoins solvables: il y a plein emploi.

- Dans un second temps, la productivité croissant, le travail de 90 suffit pour satisfaire les 100.

Dix se trouvent alors sans emploi, et consomment jusqu'à épuisement de leurs ressources, après quoi elles seront exclues.

La population solvable n'est plus 100 mais 90. Quatre-vingt-une personnes suffisent à satisfaire les 90, et 9 seront exclues.

- Reste alors 81 personnes solvables dont 73 travaillent, d'où à nouveau 8 exclues, etc.

La population restante concentre l'argent. Les salaires n'augmenteront pas pour autant puisque le marché du travail leur est défavorable. Seuls les propriétaires des entreprises survivantes et les rentiers accumulent l'ensemble des richesses.

Si de plus la productivité croît, le phénomène s'accélère et se stabilisera lorsque la population active sera suffisamment faible pour être non divisible.

Comment en est-on arrivé là?

Jusqu'au siècle dernier, un produit se vendait car il correspondait à un réel besoin. Le problème d'écouler des marchandises ne se posait donc pas.

Le travail de chacun était nécessaire face à la rareté des choses.

L'accroissement permanent de la capacité de production industrielle au cours de notre siècle fit que l'offre dépassa et donc précéda la demande. Il fallut persuader le consommateur qu'il ne peut se passer de ce qu'on lui propose.

Consommer devint indispensable non pas pour l'existence de l'individu, qui ne fut plus prise en compte, mais pour la survie du système économique. Le PIB est d'ailleurs officiellement un reflet de la santé de l'économie. Il n'existe pas d'indice reflétant la santé sociale.

On assista à une escalade aux armements financiers et commerciaux dont la mission fut d'exploiter méthodiquement le consommateur.

Ces nouveaux secteurs d'activité, bien que improductifs, et ne générant pas de service utile, participèrent au fonctionnement de l'économie en ce sens que si leurs acteurs ne sont pas producteurs, du moins ils contribuent à la circulation de la monnaie. Et en tant que consommateurs ils absorbent une part de la production, participant ainsi, de manière parasite, à l'équilibre du système.

L'importance croissante de ces nouveaux secteurs d'activité ne parvint cependant pas à absorber les incessants gains de productivité déjà cités.

D'où cette crise d'une nature et d'une ampleur mondiale encore jamais vue dans l'histoire de l'humanité.

Seul un cataclysme touchant les détenteurs de capitaux, tel une guerre mondiale, de par la forte demande industrielle qu'il entraînerait, pourrait la résorber, pour un temps.

———————

Le devenir de l'humanité n'est pas pensé, mais est seulement le jouet des dominants.

La Terre apparaît à l'homme comme un espace infini aux ressources inépuisables.

Il a toujours lutté contre son environnement et travaillé pour vivre. Ce sens de la lutte et du travail lui apparaît indispensable à sa propre survie, non par réflexion, mais par instinct.

L'aspect négatif de ce que son instinct lui dicte tombe dans le déni.

L'exclusion, l'outrancière exploitation des pauvres, où encore les risques à long terme liés aux centrales nucléaires sont ignorés, de même que l'éventualité d'une non reprise économique.

Le côté négatif des choses est rejeté, seul le côté positif est pris en compte. C'est là le moyen d'aller toujours dans le bon sens

L'hypocrisie a aussi sa place :

Ainsi l'égoïsme de chacun est dénoncé comme responsable de bien des maux. Dans les faits, à moins d'être un saint, l'égoïsme est une qualité indispensable pour vivre confortablement dans notre système.

En effet, ne pas l'être implique de partager le sort des plus démunis.

On ne peut rien espérer du système actuel.

En effet les gouvernants et spécialistes en charge de nos problèmes de société ne peuvent avoir une vision de l'avenir autre que celle qui les conforterait dans leur vision arrangée du présent. Il leur faudrait pour cela douter des théories sur lesquelles ils sont assis. Par là même ils s'excluraient du système qui les protège. De plus ils bénéficient de la collaboration active du peuple pour qui il semble naturel qu'il y ait des gagnants et des perdants :

L'esprit de compétition contre les autres est enseigné dès le plus jeune âge.

Le vainqueur reçoit gloire et récompense.

Le dernier est ignoré ou exploité.

Celui qui ne peut où ne veut collaborer est exclu.

Ainsi acquiert-on la certitude qu'il est normal que le fort profite du faible beaucoup plus que l'inverse, dans un monde où les rapports économiques semblent définitivement établis.

La compétition est un remède contre le soulèvement des exclus, elle permet de justifier les inégalités : "Ne te plains pas, il y en a beaucoup qui aimeraient avoir ta place...", où "Si tu n'as pas réussi c'est de ta faute...", où encore "Regarde celui qui a construit un empire en partant de rien...".

Bien au contraire, si la compétition est un moteur, elle devrait se pratiquer en coopérant avec les autres et non contre les autres.

La liberté dont nous jouissons est bien utopique. En pratique, à défaut d'être prince, le choix est de réussir à s'insérer dans le système, quitte à en être esclave, où parasite, où de vivre dans la rue.

Que peut-il se passer?

La marginalisation, conséquence actuelle du chômage, est source de troubles sociaux et en ce sens dérange la société établie. C'est pourquoi l'Etat s'efforce de lutter contre le chômage afin de préserver l'ordre social.

Il ne connaît qu'une issue à la crise : la reprise de la croissance par la consommation.

S'il s'agissait là de permettre à un plus grand nombre d'individus d'accéder à des conditions de vie décente, le travail ne manquerait pas, du moins pour quelques décennies. Mais l'accroissement de la consommation ne concerne que la population solvable puisqu'il est nécessaire de faire du profit. Deux facteurs s'opposent néanmoins à cette logique:

- La diminution de la population solvable.

- La limitation des ressources naturelles.

Toutefois par des artifices politiques, et à défaut d'une prise de conscience généralisée, il serait possible, pour un temps, de relancer la croissance tant que les limites physiques ne sont pas atteintes :

- Explosion sociale dont l'issue serait imprévisible.

- Désastre écologique.

En attendant, pour prévenir les troubles sociaux, il ne reste que des palliatifs :

- Recréer des emplois précaires, tels ceux que l'on connaissait au début du siècle.

- Expulser de nos frontières certains individus sans intérêt économique.

- Interner les fauteurs de troubles.

- Affirmer l'existence de forces de l'ordre, et créer des ghettos de privilégiés.

- Multiplier les institutions caritatives, et les célébrations, facteurs de paix sociale et de bonne conscience collective.

Que faire?

Il y a deux manières de répondre :

1- Si l'on ne remet pas en cause le système économique actuel, l'emploi, quel qu'il soit, est le seul moyen de sortir de l'exclusion.

Le sort de l'esclave est enviable aux yeux de l'exclu.

D'où les très nombreux discours de "responsables" à la recherche de "nouvelles" solutions pour créer des "emplois".

De ces raisonnements simplistes et omniprésents découle une question à laquelle, dans le système économique actuel, personne ne sait répondre : comment financer de nouveaux emplois ? [13]

D'autre part elle sous-entend que l'on ne peut vivre sans travailler, et réciproquement que le travail permet de vivre.

---

[13] - A l'époque où ce texte a été écrit, nous n'avions pas encore envisagé le système dont il est question dans la 2èm partie de ce livre.

Pour le moins ces théories manquent de rigueur :

Il est évident, si l'on a la fortune et une activité librement choisie, que l'on peut vivre sans travailler, et il est tout aussi évident que l'on ne peut qualifier de vivre le fait de travailler pour une existence misérable.

2- La remise en cause du système économique autorise une autre manière de voir : D'une part le problème n'est plus de partager les revenus du travail, qui vont en s'amenuisant, mais de répartir des richesses qui, pour l'essentiel, existent en surnombre. D'autre part, ce n'est pas le travail qui doit être partagé, mais l'ensemble des activités. Cela devrait être à la base d'un nouveau système économique.

Cette proposition peut être considérée de prime abord comme absurde. Mais face au chômage massif de jeunes surdiplômés, la notion d'absurdité est toute relative.

L'avenir passe par une remise en cause du système économique qui, tel une main invisible, dicte le rôle que chacun aura dans la société.

Pour penser un système économique viable encore faut-il en avoir fixé les objectifs.

Si "lutter contre le chômage" n'a pas de sens, lutter contre la misère en a un. Empêcher le développement de la misère n'est pas une affaire de charité.

La charité n'a jamais pu que la soulager ponctuellement.

Éliminer la misère est du ressort de la gestion de la planète.

La misère n'est pas la conséquence d'une quelconque pénurie, les ressources humaines et matérielles existent en abondance mais l'intégrisme capitaliste conduit le pouvoir à rejeter les 3/4 de l'humanité que les hasards de la vie ont dépourvu d'argent.

L'argent -monnaie- est la seule "matière première" qui fasse l'objet d'une pénurie bien réelle, mais seulement dictée par des raisons politiques qui produisent donc l'exclusion.

L'argent matérialise le pouvoir absolu. La liberté et la démocratie y sont soumises. Les problèmes financiers des courants politiques alternatifs en sont une illustration.

Il est illusoire de penser que l'on puisse infléchir l'évolution de la crise sans d'abord remettre en cause ce pouvoir suprême, et donc les règles qui président à la création et à la circulation de la monnaie.

Contribuer à l'évolution de la conscience populaire est essentiel car elle dépend de la naissance d'un monde nouveau. Si nous ne savons conduire cette évolution, elle aura lieu par la force des choses lorsque les actuels privilégiés seront touchés en nombre.

L'effondrement du système actuel, tant redouté des privilégiés, est le seul espoir des exclus.

BONUS 2- COMMENT SE DEBARRASSER D'UN PEUPLE

Pour comprendre comment un groupe au pouvoir peut tenter de se débarrasser d'une partie de la population, il est utile d'observer les dynamiques sociales et économiques en jeu. En général, le peuple, lorsqu'il est accablé, se divise en différentes catégories :

- Les nouveaux pauvres, qui peuvent être les plus enclins à la révolte car leur situation est récente et leur indignation est encore vive.
- Les anciens pauvres, dont les capacités de protestation sont souvent limitées par leur désespoir et leur fatigue.
- Les catégories supérieures, qui peuvent être indifférentes ou même bénéficier du statu quo, rendant leur mobilisation improbable.

Pour minimiser les risques de révolte et maintenir le contrôle, les stratégies suivantes peuvent être appliquées :

Pression Sélective : Concentrer la pression sur des groupes spécifiques ou des catégories sociales limitées, de manière à réduire le nombre de personnes susceptibles de se révolter. En isolant ces groupes, il devient plus facile de gérer la dissidence.

Diviser pour Régner : Si une révolte éclate malgré tout, utiliser des tactiques de division pour affaiblir le mouvement. Par exemple, offrir des concessions ou des avantages à une partie de la révolte, ce qui peut créer des fractures au sein du groupe rebelle. En même temps, utiliser la force publique pour réprimer les autres factions, afin de les démoraliser et de réduire leur capacité d'action.

Indifférence Générale : Encourager l'indifférence en rendant les conflits moins visibles ou en diffusant des informations qui détournent l'attention des problèmes réels. La désensibilisation du public peut diminuer le soutien aux mouvements de révolte.

Attendre et Répéter : Après avoir réprimé ou fragmenté une révolte, attendre un certain temps avant d'intensifier de nouveau la pression. Les périodes de répit peuvent permettre aux tensions de se reconstruire lentement, ce qui facilite un contrôle à long terme.

Depuis les années 1970, ces méthodes ont été employées avec succès dans divers contextes, comme le montre l'augmentation du nombre de personnes en situation de pauvreté.

En 2018, la France comptait près de 10 millions de personnes en situation de pauvreté, illustrant les effets durables de ces stratégies de gestion sociale et économique.

Loi fondamentale du capitalisme

1. La Terre et les ressources premières sont, lorsque physiquement possible, propriété de personnes privées et transmises à leurs descendants.

2. Chacun peut acheter des «droits d'usage» de ces ressources aux propriétaires, qui en assurent une gestion généralement désastreuse pour la planète, afin de maximiser leur profit.

3. La Rente issue des «droits d'usage» permet l'enrichissement des propriétaires.

4. Dans ce cadre, l'entreprise est libre. Elle sera d'autant plus profitable que le marché sera captif et manipulé.

Loi fondamentale pour une humanité durable

1. La Terre et les ressources premières sont des biens communs, propriété inaliénable de la collectivité qui a la responsabilité de les transmettre aux générations suivantes.

2. Chacun peut acheter des «droits d'usage» de biens communs à la collectivité dans les limites d'une gestion raisonnée.

3. La Rente issue des «droits d'usage» permet à la collectivité de financer l'entretien de la biosphère.

4. Dans ce cadre, l'entreprise est libre et sera, de par la structure de ce système, d'autant plus profitable qu'elle répondra aux souhaits de la collectivité.

Le capitalisme épuise les ressources de l'humanité sans répondre à ses besoins fondamentaux.

C'est monstrueux, et nous en sommes à peine conscients !